财政部规划教材
全国财政职业教育教学指导委员会推荐教材
全国中等职业学校财经类教材

会计基础

（非会计专业适用）

肖 燕 主编

中国财经出版传媒集团
中国财政经济出版社

图书在版编目（CIP）数据

会计基础：非会计专业适用 / 肖燕主编．—北京：中国财政经济出版社，2018.2
(2022.7重印)

财政部规划教材．全国财政职业教育教学指导委员会推荐教材．全国中等职业学校财经类教材

ISBN 978－7－5095－8030－1

Ⅰ.①会…　Ⅱ.①肖…　Ⅲ.①会计学－中等专业学校－教材　Ⅳ.①F230

中国版本图书馆 CIP 数据核字(2018)第 013710 号

责任编辑：刘瑞思　张　军　　　　责任校对：胡永立

封面设计：构远设计

中国财政经济出版社出版

URL：http：//www. cfeph. cn

E－mail：cfeph @ cfeph. cn

社址：北京市海淀区阜成路甲 28 号　邮政编码：100142

营销中心电话：010－88191537　北京财经书店电话：64033436　84041336

北京富生印刷厂印刷　各地新华书店经销

787×1092 毫米　16 开　10.5 印张　253 000 字

2018 年 4 月第 1 版　2022 年 7 月北京第 4 次印刷

定价：25.00 元

ISBN 978－7－5095－8030－1

（图书出现印装问题，本社负责调换）

本社质量投诉电话：010－88190744

打击盗版举报热线：010－88191661　QQ：2242791300

编写 说明

本书是财政部规划教材、全国财政职业教育教学指导委员会推荐教材，由财政部教材编审委员会组织编写并审定，作为全国中等职业学校财经类教材使用。

"会计基础"课程是会计专业的专业基础课，也是其他专业的基础性课程，实践性和应用性较强。作为非会计专业使用的《会计基础》教材，首先要培养学生具有会计思维和运用会计信息分析问题、解决问题的能力；其次要重点培养学生的财务分析能力、自学能力；最后让学生学会运用会计信息，以提高学生走向职场在实际工作中进行管理和科学决策的能力，为学生后续学习和未来的职业生涯打下良好的基础。

为此，本教材在内容上以《企业会计准则》为编写基础，以会计工作过程为导向，采用任务驱动课程的设计理念，结合会计职业基础知识和会计实践工作，按照工作过程设计教学任务，以学生为中心，实现教、学、做一体化。内容上力求通俗易懂、繁简得当，文字表达要求简洁明了、举例生动、易于理解，符合中职学生的认知水平。

全书共包括三大模块，每大模块内容均由案例引出，在编排方式上注重图文并茂，适当穿插必要的图表。模块下分项目和任务，根据相应内容设计"任务描述"、"知识准备"、"任务实施"，对相关工作任务、知识要点及情境的介绍，检验学生任务实施的效果，实现教、学、做一体化。另外增加了"扫一扫"（学生通过扫描二维码可进行拓展学习）、"相关链接"、"想一想"等栏目，以开拓学生视野，培养学习兴趣，鼓励学生勤于思考，为延伸学习打好基础。

本教材由贵州省财政学校肖燕担任主编，负责制定编写提纲和统稿工作，并对全书进行修改、充实和完善。全书共有三个模块十二个项目，其中模块一的项目一、项目二由贵州省财政学校肖燕编写，模块二的项目一、项目二由贵州省财政学校刘珊珊编写，模块二的项目三由沈阳现代制造服务学校杨悦编写，模块三的项目一由湖南省常德财经学校邱云编写，模块三的项目二、项目三、项目四由河南省三门峡市财经学校朱晓燕编写，模块三的项目五、项目六由重庆财政学校沈萍和贵州省财政学校刘珊珊编写，模块三的项目七由武汉市财政学校陈辉编写。

本教材在编写过程中得到了中国财政经济出版社的大力支持，参考了有关法律法规制度、有关教材和著作的相关内容，在此一并表示感谢。

本教材还为任课老师制作了电子课件，如有需要，请访问 cjjc. cfeph. cn 下载。

本课程总学时为 72 学时，各学校可根据情况自行安排，课时分配表见下表（供参考）。

课程内容		学时数		
模　块	项　目	讲　授	实　训	合　计
模块一 新手入门	项目一　走进企业	2		2
	项目二　了解会计	2		2
模块二 会计做账的方法	项目一　会计家族——六大要素	4	2	6
	项目二　记录会计家族成员活动的方法	2	2	4
	项目三　会计实战演练——借贷记账法的应用	6	8	14
模块三 会计工作流程	项目一　填制和审核会计凭证	4	4	8
	项目二　建立账簿体系	2	2	4
	项目三　登记账簿	6	6	12
	项目四　对账和结账	2	2	4
	项目五　摸清家底——财产清查	2	2	4
	项目六　认知财务会计报告	6	4	10
	项目七　会计档案管理	2		2
合计		40	32	72

当前职业教育飞速发展，会计知识日新月异，由于时间仓促，加之编者经验和水平所限，书中难免有疏漏和不足之处，敬请读者批评指正。

编　者

2018 年 2 月

目　录

模块一

新 手 入 门

李芳在一所职业学校学习，这学期开了“会计基础”课程。她听说会计是微观经济管理方面的重要学科，即使是非会计专业的学生也应该具有会计思维，懂得一些基本的财务与会计知识将对未来的职业生涯有很大的帮助，于是她决心好好学习非常有用的会计知识。会计到底是做什么的呢？我们和李芳一起来学习吧！

学习目标

◆ 知识目标

- ☐ 了解会计的方法和目标
- ☐ 了解会计工作内容
- ☐ 了解会计机构和会计人员

◆ 技能目标

- ☐ 了解制造业的生产经营活动
- ☐ 结合企业生产经营过程明确会计核算的内容

◆ 情感目标

让学生对会计产生兴趣，喜欢上会计这门学科。

项目一　走进企业

【项目分析】企业是学习会计时面对的主要会计主体。通过本项目的学习，让学生了解企业及其经济活动，为下一步学好会计打好基础。

任务一　了解社会经济活动

任务描述

了解社会经济活动，了解社会经济活动与会计的关系。

知识准备

随着社会主义市场经济的发展，人们的经济交往增多，使我们意识到：“经济越发展，会计越重要。”实践证明：会计工作是经济管理不可缺少的工具，它与人们的经济活动、各种经济现象息息相关，是经济管理的重要组成部分。

作为非会计专业学生，学习会计基础知识的目的不是学习如何做会计，而是在拥有会计思维、懂会计的基础上能够使用会计信息，能够有效地将会计作为经济管理的工具，为自己的工作服务。

要学好会计，先要了解社会经济活动。人类社会发展从古到今经历了很多阶段，各个阶段的经济活动有所不同。在我们现代社会，参与经济活动的部门和单位很多，有国家机关，如政府及其职能部门；有事业单位，如学校、医院等；有企业，如生产产品的工厂、商品流通的商场等；有社会团体，如红十字会等。这些部门和单位为了完成工作和履行职责要进行各种活动，它们的资金就会以不同的形态在运动，周而复始的运动就构成了社会再生产过程的生产、分配、交换和消费四个环节。会计的工作就是记录这些经济活动，并将信息反映给需要的人。

任务实施

学生分组讨论对社会经济活动的认识。

任务二　到企业去看看

任务描述

借助广州华远塑料制品有限公司走进中小企业，了解企业的概念、企业的分类、企业的开办、各部门的设置、人员的配备和企业的经营流程及经济活动。

知识准备

一、什么是企业

企业是什么呢？我们平常看到的工厂、商场、建筑公司、房地产公司、银行、保险公司、旅游公司等等都是企业。他们都具有以下共同的特征：以营利为目的，运用各种生产要素（土地、劳动力、资本、技术和企业家才能等）向市场提供商品或服务，自主经营，自负盈亏，独立核算。具备这些特征的法人和经济组织都是企业。

广州华远塑料制品有限公司是生产、销售塑料制品的企业，主要生产塑料筐、塑料桶两种产品，生产所需原材料主要有聚乙烯、聚丙烯等材料。

该企业为有限责任公司；法人代表：王小京；开户银行：建行中山支行；银行账号：45431180967526；企业地址：广州市天河区中山路256号；联系电话：020－38669876；税务登记：一般纳税人，增值税税率为17%；会计工作人员有：会计陈飞；出纳李丹；复核赵勇；会计机构负责人为赵勇。

提示：本书中的各个任务，均以广州华远塑料制品有限公司作为典型企业举例。

二、企业的分类

对企业进行分类有助于我们从不同的角度来了解企业。根据不同的标准，企业可分为以下种类：

1. 按照企业的经营内容和行业属性来划分，可分为工业企业（制造型）、商品流通企业、农业企业、饮食服务企业、交通运输企业、金融保险企业、施工企业、旅游企业、房地产开发企业等。

2. 按照企业组织形式划分，有公司制企业和非公司制企业。公司制企业又分为有限责任公司和股份有限公司。

想一想

你知道的企业有哪些？它们主要从事什么业务？

三、看看企业

（一）企业开办

开办企业需要哪些手续呢？下面就来看看具体流程：

1. 核名。到工商局去领取一张“企业（字号）名称预先核准申请表”，填写你准备好的公司名称，工商局核准后，会核发“企业（字号）名称预先核准通知书”（见表1－1－1），以后就可以使用该名称开办企业去经营了。

2. 拟定“公司章程”。

3. 刻制企业印章，主要是法人代表的私章。

4. 注册公司：新的“五证合一”办证模式采取“一表申请、一窗受理、并联审批、一份证照”的流程。

首先，办证人持工商网报系统申请审核通过后打印的“新设企业‘五证合一’登记申请表”，携带其他纸质资料，前往“五证合一”综合受理窗口受理。

其次，窗口核对信息、资料无误后，将信息导入工商准入系统，生成工商注册号，并在“五证合一”打证平台生成各部门号码，补录相关信息。同时，窗口专人将企业材料扫描，与“工商企业注册登记联办流转申请表”传递至质监、国税、地税、社保、统计五个部门，

表 1－1－1 企业名称预先核准申请书

申请企业名称	
备选企业名称（请选用不同的字号）	1.
	2.
	3.
经营范围	许可经营项目： 一般经营项目： （只需填写与企业名称行业表述一致的主要业务项目）
注册资本（金）	（万元）
企业类型	
住所所在地	
指定代表或者委托代理人	
指定代表或委托代理人的权限： 1. 同意□不同意□核对登记材料中的复印件并签署核对意见； 2. 同意□不同意□修改有关表格的填写错误； 3. 同意□不同意□领取《企业名称预先核准通知书》。	
指定或者委托的有效期限	自　年　月　日至　年　月　日

注：1. 手工填写表格和签字请使用黑色或蓝黑色钢笔、毛笔或签字笔，请勿使用圆珠笔。

2. 指定代表或者委托代理人的权限需选择“同意”或者“不同意”，请在□中打√。

3. 指定代表或者委托代理人可以是自然人，也可以是其他组织；指定代表或者委托代理人是其他组织的，应当另行提交其他组织证书复印件及其指派具体经办人的文件、具体经办人的身份证件。

由五个部门分别完成后台信息录入。

最后，由工商行政管理部门核发加载法人和其他组织统一社会信用代码的营业执照。

5. 凭营业执照，到公安局特行科指定的刻章社去刻公章、财务章。

6. 去银行开立基本户。

7. 到税务局申请领购发票。

8. 开始营业。

企业“五证合一”营业执照如图 1－1－1 所示。

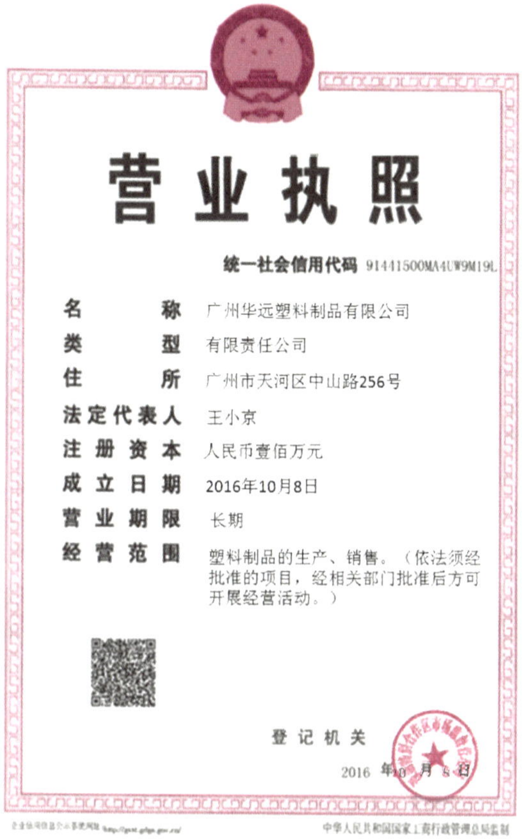

营业执照

统一社会信用代码 91441500MA4UW9M19L

名称	广州华远塑料制品有限公司
类型	有限责任公司
住所	广州市天河区中山路256号
法定代表人	王小京
注册资本	人民币壹佰万元
成立日期	2016年10月8日
营业期限	长期
经营范围	塑料制品的生产、销售。（依法须经批准的项目，经相关部门批准后方可开展经营活动。）

登记机关

2016 年 10 月 8 日

中华人民共和国国家工商行政管理总局监制

图 1－1－1　企业“五证合一”营业执照

扫一扫

五证合一

2014 年 2 月 7 日，国务院以国发〔2014〕7 号印发《注册资本登记制度改革方案》，放松市场主体准入管制，切实优化营商环境。注册资本由实缴登记制改为认缴登记制，不再限制公司设立时全体股东（发起人）的首次出资比例，不再限制公司全体股东（发起人）的货币出资金额占注册资本的比例，不再规定公司股东（发起人）缴足出资的期限。公司实收资本不再作为工商登记事项，企业不需要再提交验资报告。除法律、行政法规以及国务院决定对特定行业注册资本最低限额另有规定的外，取消有限责任公司最低注册资本 3 万元、一人有限责任公司最低注册资本 10 万元、股份有限公司最低注册资本 500 万元的限制。

2016 年 7 月 5 日，国务院办公厅印发《关于加快推进“五证合一、一照一码”登记制度改革的通知》。从 10 月 1 日起，“五证合一、一照一码”登记制度改革在全国范围内全面落地实施。“五证合一、一照一码”，即营业执照的注册号、组织机构代码证号、税务登记证号、统计证号及社保登记证号统一为一个登记码，标注在营业执照上。

（二）企业工作场所

根据相关法律的规定，成立一个企业需要有固定的工作场所，如一个制造业要有办公楼、厂房、仓库等。如图 1-1-2、图 1-1-3 所示。

图 1-1-2　企业外观

图 1-1-3　企业车间

（三）企业的部门及人员

企业要正常进行生产经营活动，需要设置很多的部门，并配备相关的工作人员。一般中小企业可以按下面的组织结构来设置部门和聘用人员（见图 1-1-4）。

大家要把这些部门分清楚，将来进行会计核算时非常有用。不同部门的经济活动在核算时是不一样的。

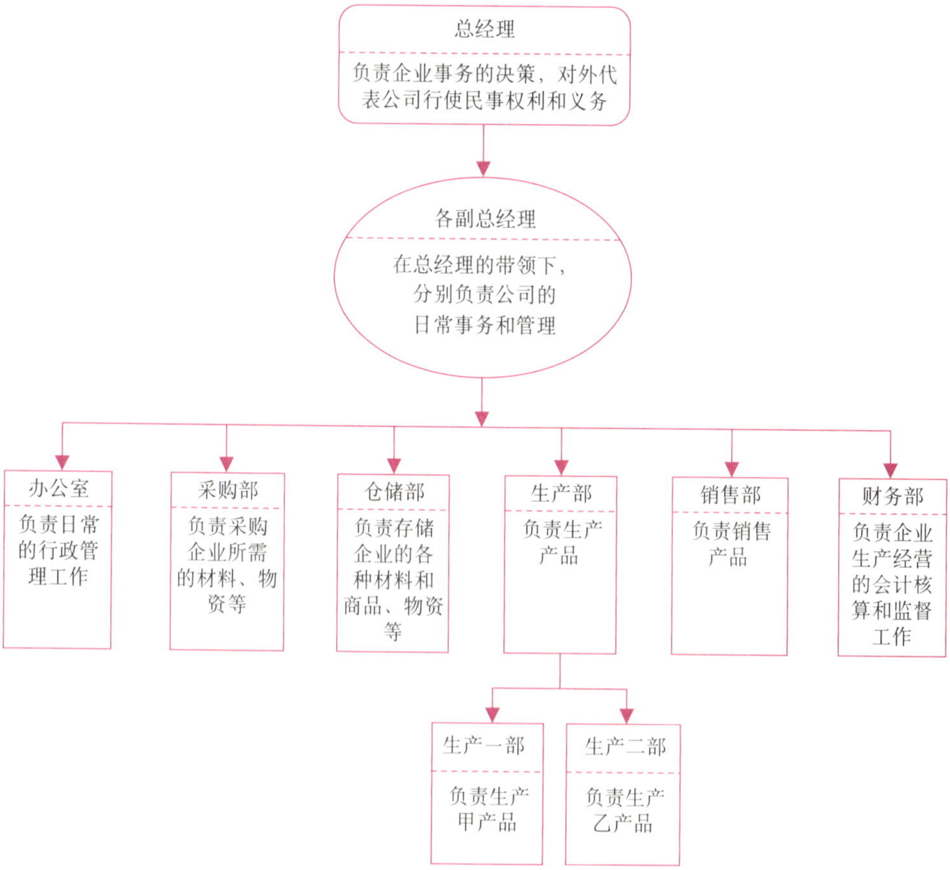

图1－1－4　企业的组织结构图

（四）企业的经济活动

会计主要是核算各单位的经济活动。各单位的经济活动内容不同，其中，制造型企业的经济活动最具有代表性。为了学好会计，下面我们来了解制造型企业的经济活动吧。

制造型企业的经济活动包括资金的筹集、资金的运用（供、产、销三个环节）、资金的退出三个部分。

1. 资金的筹集。企业要从事经营活动，必须要有一定数量的资金。企业的资金可以通过接受投资或借入两种方式从投资者或债权人处取得，这些资金主要是货币资金，也可以是实物形态的资产。

2. 资金的运用（供、产、销三个环节）。有了资金，就可以建造厂房，购买生产产品所需要的材料，发生采购费用，形成采购成本；在生产过程中，要耗用材料，支付人工工资，发生房屋、设备等固定资产的折旧费和水电费，以及物料的消耗等，产品完工即可入库；在销售过程中，会发生销售费用及税金、回收货款等活动。

3. 资金的退出。资金退出企业的活动即缴纳税金、向投资者分配利润、偿还债务等。

企业的经济活动如图1－1－5所示。

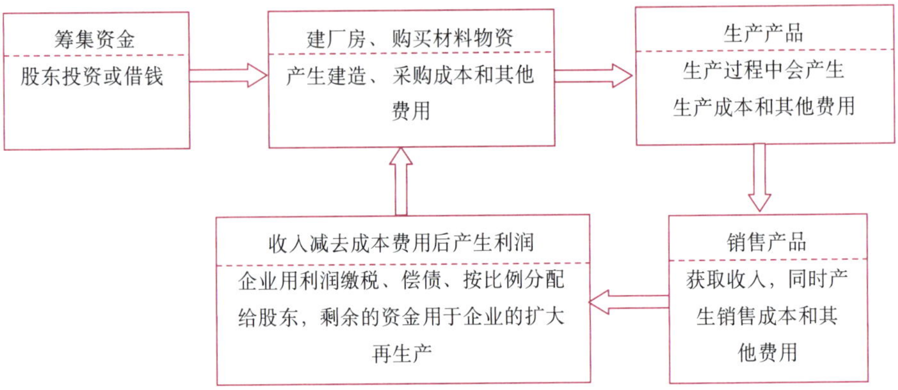

图 1－1－5　制造型企业的经济活动

任务实施

1. (单选题) 下列不属于资金退出的是 (　　)。

A. 偿还各项债务　　B. 支付职工工资

C. 上缴各项税金　　D. 向所有者分配利润

2. (多选题) 资金筹集是资金运动的起点，主要包括 (　　)。

A. 偿还各项债务　　B. 接受投资

C. 购置固定资产　　D. 向银行借款

3. (多选题) 会计核算的内容是指特定主体的资金活动，包括 (　　) 等阶段。

A. 资金的筹集　　B. 资金的运用

C. 资金的储存　　D. 资金的退出

4. 要求学生去一家企业了解，并做介绍。

5. 结合案例引导学生分析企业的经济活动，为下面介绍会计奠定基础。

相关链接

财政部《会计行业中长期发展规划 (2010—2020 年)》(以下简称《规划》) 中明确指出，会计人才是我国人才队伍的重要组成部分，到 2020 年，会计类人才资源总量需增长 40%，才能较好地满足经济社会发展需要；会计人员中受过高等教育的比例应占到 80%。

项目二　了解会计

【项目分析】本项目主要介绍会计必备的基本理论和术语，让学生对会计有一个全方位的认识。

任务一　初识会计

任务描述

认知会计的职能和目标。

企业是以营利为目的的，很多人都想知道企业在经营时候的信息，比如企业的钱从哪儿来、生产了多少产品、都卖出去了吗、赚钱了没有、有没有按时缴税等，那么这些信息由谁来向大家提供呢？——这就是我们的会计人员。接下来我们来看看会计人员都做些什么工作。

知识准备

一、会计的职能

我们大家都知道只要有人类活动的地方，人们就会关心自己的劳动成果，就会去计算怎样才能以最小的投入来换取最大的回报，比如古代的“结绳”记事、“刻石”记事等，这就是会计的萌芽，随着经济的发展，逐渐形成了今天的会计。

相关链接

“会计”一词起源于西周，《孟子正义》一书中的解释为“零星算之为计，总和算之为会”。

会计是一门经济学科，会计是一份职业，会计还是一群从事会计和财务工作的人。

会计具体都做些什么呢？其实就是核算和监督经济活动中的资金运动，这是会计的两个基本职能。

先说说核算职能。核算就是会计以货币为计量方式，用专门的方法对经济活动中的交易和事项进行确认、计量、记录和报告。

会计从价值上记录和计算各单位日常发生的经济活动，一般采用以下三种计量尺度：

1. 货币量度——是主要的计量尺度
2. 实物量度
3. 劳动量度

（2、3）是辅助的计量尺度

核算首先是要对会计主体发生的交易和事项进行确认，判断它是否属于会计核算的对象，然后把它用会计的语言记录下来，通过计算后，将相关的信息向信息使用者报告。比如：A 公司购买了一辆小汽车，花了 25 万元，那么 A 公司的会计首先就要判断这辆小汽车是不是核算的对象，如果是，就用会计的语言把它记录下来，并在一定的时间向需要了解该信息的人报告，这个过程就是核算，也是会计的最基本的工作。

核算其实就是记账、算账、报账。

相关链接

各单位进行经济活动时发生的各种各样的经济业务，统称为“交易和事项”。

再来看看监督，监督就是在核算的同时，对各单位经济活动的合法性、合理性进行规范和控制，以保证会计目标的顺利实现。各单位的经济活动必须遵守国家财经纪律和有关财务制度，还应遵守本单位的各项财务预算和规定。

其实，会计在经济管理中还具有参与预测决策、评价考核的作用。预测决策是指利用会计所掌握的信息资料对专门的项目或经济前景进行分析和判断，并进行决策。评价考核是利用会计信息资料对各单位的经营业绩进行分析考核。

核算是会计最基础的工作，监督是核算的保证，预测决策、评价考核是扩展。

二、会计的目标

会计从一产生就是要满足人们了解信息的需要，因此，会计的目标就是及时准确地提供经济信息，满足有关方面了解财务状况和经营成果的需要，满足经营管理、提高经济效益的需要。会计可以给大家提供很多有用的信息。

会计信息有很多需求者，比如：

1. 投资者。投资者就是将资金投入企业以期获取利润的人，也就是股东。他们需要通过会计信息了解企业的经营情况和发展趋势，并做出相应的决策。

2. 债权人。债权人是将资金借给企业以期获取利息的人，如银行等。他们需要通过会计信息了解企业的财务状况，进一步分析企业的偿债能力。

3. 企业管理当局。企业管理当局主要是指公司董事会、监事会、总经理及相关部门。他们需要通过会计资料分析生产经营过程、预测经济前景、改善经营管理、提高经济效益。

4. 宏观经济管理部门。宏观经济管理部门是指财政、税务、审计、统计、证券监管等部门，他们需要了解企业的财务状况，以便进行宏观调控和决策。

5. 潜在的投资人。主要是指持币观望者，他们可以根据会计信息来分析到底把钱投放在哪家公司能获取更多的利润。

相关链接

财务学博士、美国华盛顿大学教授罗伯特·C. 希金斯说过：“不完全懂得会计和财务管理工作的经营者就好比一个投篮而不得分的球手。”这说明，即使将来不直接从事会计工作，但会计知识对于企业经营者来说同样非常重要，不仅要懂得会计、懂得财务和重视财务，而且要读懂会计报表，善于利用会计信息做出更好的决策。

任务实施

1. (单选题) 下列各项中，属于会计基本职能的是（　　）。

A. 会计核算和会计监督　　B. 会计核算与会计决策

C. 会计核算与会计预测　　D. 会计核算与会计分析

2. 讨论会计在企业核算和监督工作中的内容和目标应是什么？
3. 还有哪些人需要使用会计信息？

任务二　会计机构和会计人员

任务描述

了解会计机构和会计人员。

要完成这些核算和监督工作，需要多少人？这些人员之间是什么关系？他们在哪儿工作呢？

知识准备

知道了会计工作的内容和目标后，我们一起来看看会计人员是怎样在会计机构中工作的。

一、会计机构

会计机构就是各单位办理会计事务的职能部门。

（一）会计机构的设置

各单位规模不一样，业务量大小不一样，会计机构的设置要求也不一样，目前主要有以下三种：

第一种是大中型企事业单位，业务繁多，应单独设置会计机构，并配备会计机构负责人和必要的会计人员。

第二种是规模小、业务量少的单位，可以只在相关机构中设置会计人员，并指定一个会计主管人员行使会计机构负责人的职权。

第三种是不具备设置会计机构和会计人员的单位，可以委托具备条件的机构实行代理记账。

（二）会计岗位的设置

会计机构里有哪些会计岗位呢？

以企业为例，可以设置的会计岗位有：会计机构负责人或会计主管人员、出纳、稽核、资本基金核算、财产物资核算、收入支出核算、债权债务核算、工资核算、成本费用核算、财务成果核算、总账报表、会计档案管理、会计电算化核算等。每个单位应根据自身管理的需要、内部控制的要求、成本效益原则来合理确定具体的岗位。

注意：这些岗位可以一人多岗，也可以一岗多人，但必须符合内部控制制度的要求，做到不相容职务相分离。其实，就是要互相监督！

相关链接

出纳人员不得兼任会计档案的保管以及收入、支出、费用、债权债务账目的登记工作。

想一想

盛华公司负责收入支出核算的小马因病住院，短时间内不能工作，公司领导一致认为出纳小丁工作认真负责，决定由小丁暂时接替小马的工作，直至小马病愈。公司的做法正确吗？

二、会计人员

（一）会计人员的职业道德

会计人员从事会计工作应遵循会计职业道德。会计职业道德主要包括以下内容：敬业爱岗、熟悉法规、依法办事、客观公正、搞好服务、保守秘密。

相关链接

会计人员的专业职务有：助理会计师（会计初级职称）、会计师（会计中级职称）、高级会计师（会计高级职称），初级和中级会计师每年进行全国统一考试，2003 年起高级会计师实行考评结合。会计机构负责人应具备会计师以上专业技术资格或从事会计工作三年以上的经历。

想一想

红海公司拟招聘一名会计人员，甲先参加面试，主考人员问："壹加壹等于几？"甲心想："这还用问吗"，大声回答"2"，主考示意他可以出去了。乙第二个面试，还是同样的题目，乙心想："肯定不是 2 那么简单。"就回答"3"，主考同样让乙离开。轮到丙了，还是同样的题目，丙是怎么回答的呢？他神秘的轻声说道："你说等于几我就让它等于几。"你怎么看待这三位应试人员？

（二）会计人员的职责和权限

会计人员应做好会计基础工作，如实反映情况；维护财经纪律，执行相关政策；参与经营管理，提高经济效益。会计人员有权要求本单位有关部门和人员遵守财经纪律和财务会计制度；有权参与编制本单位的财务计划；有权监督检查本单位的财务收支和财产保管情况。

任务实施

1. 讨论小企业的会计岗位设置，分组扮演各会计岗位人员。
2. 查阅相关资料，初步了解会计的工作。

任务三 会计工作的规则

任务描述

了解会计的基本假设、核算基础、信息质量要求、核算方法等。

会计人员进行核算和监督，提供各种信息，信息的使用者那么多，如何才能满足大家的需要呢？这就需要掌握一些会计核算的基础知识。下面的任务就是学习这些知识。

知识准备

一、会计核算的基本假设

会计核算的是经济活动，但经济活动的环境是不断变化的。为了顺利地开展会计工作，就要对核算的空间、时间等做一些人为的规定，这些人为的规定就是会计假设，也是会计核算的基本前提。也就是说，会计核算工作必须在这些假设的基础上才能完成。

会计核算的基本假设有四个：会计主体、持续经营、会计分期、货币计量。

（一）会计主体

会计主体是指会计所要服务的特定单位或经济实体。

这一假设明确了会计工作的空间范围和核算对象，在进行核算和监督时，既不能与其他主体相混淆，也不能与会计主体的所有者相混淆。比如，A 公司会计核算的就是该公司的经济活动所引起的交易和事项，不核算其他会计主体的经济活动，也不核算 A 公司的投资人的经济活动。

会计主体和法律主体是两个不同的概念。法律主体及法人，是指在政府部门注册登记，有独立的财产且能够承担民事责任的法律实体，一般来说，法律主体必然是一个会计主体，而会计主体却不一定是一个法律主体。

想一想

1. 企业下属的独立核算的分厂是法律主体吗？是不是会计主体？
2. 合伙企业是法律主体吗？是不是会计主体？
3. 你还能举出哪些法律主体和会计主体不对等的情况？

（二）持续经营

持续经营，就是指会计主体的经营活动在可以预见的将来能够连续不断地进行下去，不考虑面临破产清算、停业等情况，它明确了会计核算的时间范围。

为什么要做这样的假设呢？这就好比一个 60 岁的老人问你他是买房划算还是租房划算，你能明确回答他吗？不能，因为你不知道他还能活多久。企业也是一样，所以有了这个假设，就可以为会计核算中资产的计价、费用的分配提供了依据。有了持续经营这个假设，我们在买了机器设备时才把机器设备作为资产而不是费用，才计提折旧等等。

（三）会计分期

会计分期，就是指把连续不断的生产经营过程人为地划分为若干个首尾相连、间距相等的期间。这样做主要是便于各信息使用者及时掌握信息，进行经济预测与决策。有了会计期间的划分，才会有本期与非本期的区别。

会计期间通常分为以下两种，如表1－2－1所示。

表1－2－1

会计期间	年　度	会计年度	起讫日期均按公历制日期确定
	半年度、季度、月度	会计中期	

（四）货币计量

货币计量，是指在会计核算过程中，主要以货币为计量单位。这一假设认为货币是最好的计量单位，并假定货币的币值是稳定的。

在我国，企业的会计核算以人民币为记账本位币。对于业务收支以某种外币为主的企业，向国内编制的会计报告应当折算为人民币反映。

想一想

一家在国内经营的美国独资公司业务收支主要以美元为主，请问该公司可以选用美元为记账本位币吗?

二、会计核算的基础

会计处理的基础有两种，一种叫“收付实现制”或“实收实现制”，也叫“现收现付制”；另一种叫“权责发生制”，也叫“应收应付制”，或叫“应计制”。

（一）收付实现制

收付实现制是以本期款项的实际收付作为确定本期收入、费用的标准。凡是本期实际收到款项的收入和付出款项的费用，不论款项是否属于本期，只要在本期实际发生，即作为本期的收入和费用。所以又叫“收付实现制”“实收实付制”。

（二）权责发生制

权责发生制是指企业按收入的权利和支出的义务是否归属于本期来确认收入、费用的标准，而不是按款项的实际收支是否在本期发生，也就是以应收应付为标准。在权责发生制下，凡属本期的收入和费用，不论款项是否收到或支付，均要计入本期；凡不属本期的收入、费用，尽管款项已收到或支付了，也不计入本期。

企业的会计核算应当以权责发生制为基础进行确认、计量和报告。

1. 凡不是在本期取得收款权利的款项，即使在本期收到，也不能作为本期的收入；反之，只要在本期取得了收款的权利，无论是否收到，均作为本期的收入。

想一想

甲企业5月份收到一笔乙企业预付的货款100万元，但甲企业尚未将产品售出，而是在7月份才将产品发出，请问：以权责发生制为标准，这100万元是甲企业几月份的收入呢？

2. 凡不应由本期承担的费用，即使款项已在本期支付，也不应作为本期的费用；反之，应由本期承担的费用，即使款项未在本期支付，也应作为本期的费用。

想一想

企业12月份预付下一年度的财产保险费24 000元，请问：以权责发生制为标准，这24 000元应属于哪个会计期间的费用呢？

三、会计计量属性

会计计量就是对会计要素按货币量度进行量化的过程，即确定其金额的过程。自20世纪30年代以来，会计学界逐渐流行这样一种观点："会计就是一个计量过程。"事实上，财务会计的许多理论和方法都要涉及会计的计量问题。我国新会计准则体系规定，企业在对会计要素进行计量时，一般应当采用历史成本，采用重置成本、可变现净值、现值、公允价值计量的，应当保证所确定的会计要素金额能够取得并可靠计量。

相关知识

历史成本，又称为"实际成本"，就是在取得财产物资时所实际支付的价款。比如，企业8月5日购买了1 000千克的材料，单价是每千克10元，则该材料的历史成本为1万元。

四、会计信息的质量要求

会计工作的目标是要提供会计信息，因此会计信息的质量就非常重要。《企业会计准则——基本准则》对会计信息的质量做了以下要求：

1. 可靠性。可靠性是对会计信息最基本的一项要求，就是以实际发生的交易或事项为依据来进行相关处理，用一句话说就是"不做假账"。

2. 相关性。相关性就是指提供的信息应符合各信息使用者的需要，即有利用价值。

3. 可理解性。可理解性即提供的信息应当清晰明了，便于理解和应用。

4. 可比性。可比性要求会计信息具有可比性，包括两层含义：一是不同企业，同类或类似的交易事项应采用规定的会计政策，以确保口径一致，相互可比；二是同一企业在不同时期发生的同类或类似事项，应采用一致的会计政策，不得随意变更，需变更的应在附注中说明，以使信息前后可比。

5. 实质重于形式。实质重于形式要求企业在会计核算中，应按交易、事项的经济实质进行核算，而不能机械地以法律形式为依据。

6. 重要性。重要性要求企业提供的信息应当反映所有重要的交易、事项，重要性不同，核算上也会因此有所不同。

注意：重要性需要从数量和性质两个方面来判断。

7. 谨慎性。谨慎性要求企业进行会计核算时，不得高估资产或收益，不得低估负债或费用，也就是不要“报忧不报喜”。

8. 及时性。及时性要求企业对于各项已经发生的交易或事项应及时进行核算，不得提前或延后。

相关链接

月度报表应在月度终了后 7 天内报出，季度报表应在季度终了后 15 天内报出，半年度报表应在半年度终了后 90 天内报出，年度报表应在年度终了后 4 个月内报出。

五、会计核算的方法

讲了这么多核算，李芳迫切地想知道核算究竟是怎样进行的？有什么特别的方法没有？下面我们就来了解会计核算的方法。

（一）设置会计科目和账户

设置会计科目和账户就是把会计核算对象的具体内容进行归类核算和监督的一种专门方法。就好比建房子时，将房间的功能先分配好：客厅、主卧、次卧、卫生间、厨房等。

（二）复式记账

复式记账是指对每一会计事项都以相等的金额同时在两个或两个以上相互关联的账户进行登记的专门方法。

（三）填制和审核凭证

填制和审核凭证是将已发生或完成的交易或事项记录到凭证上，会计凭证是进行会计核算的书面证明。

（四）登记账簿

登记账簿是将凭证上的记录连续、系统地登记到账簿上的专门方法。

（五）成本核算

成本核算是指计算与生产经营有关的费用，并按一定的对象进行归集和分配，以计算单位成本和总成本的一种专门方法。

（六）财产清查

财产清查是通过盘点实物、核对账目来查明各项财产物资的实有数，以保证账实相符的一种专门方法。

（七）编制财务会计报告

编制财务会计报告是将一定时期各单位的经济活动过程和结果以报表的形式进行反映的一种专门方法，财务会计报告是信息使用者了解信息的载体。

会计核算的七种方法相互联系，它们的关系如图 1－2－1 所示。

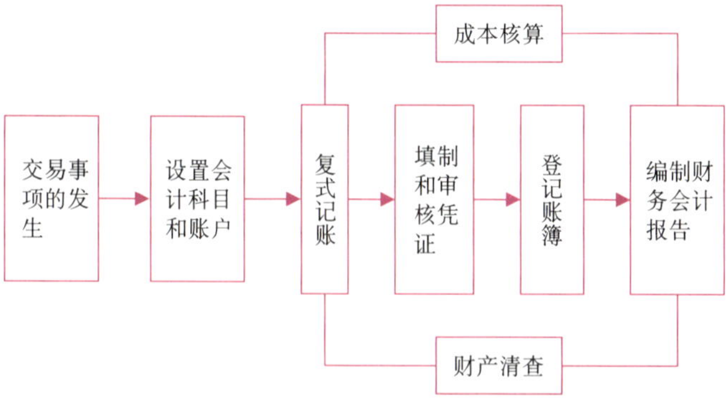

图 1－2－1　会计核算方法体系

任务实施

1. （单选题）下列会计基本假设中，确立了会计核算时间范围的是（　　）。

A. 持续经营假设　　B. 会计分期假设

C. 货币计量假设　　D. 会计主体假设

2. （单选题）某企业 10 月份销售 A 产品一批，价款 2 万元，款未收；销售 B 产品一批，取得转账支票一张，价款 8 000 元；收到 9 月份所欠货款 5 000 元。以权责发生制为标准，确定该企业 10 月份销售收入应为（　　）元。

A. 25 000　　B. 28 000

C. 8 000　　D. 5 000

3. 如果没有会计假设，会计工作能得以进行吗？

4. 权责发生制对企业的核算有什么影响？

5. 熟悉会计核算的方法。

任务四　会计工作规范

任务描述

会计人员负责向广大社会公众提供信息，那么信息的真实合法、准确完整就非常重要。会计人员不能随心所欲地做账并报账，而应该遵循相关的法律规范。我们接下来的任务就是熟悉这些规范。

知识准备

会计人员在进行会计核算和监督时是不能随性而为的，必须遵循一定的法律规范。会计法律规范体系是指国家为管理会计工作而颁布的法律、规章、制度等文件的总称，包括会计法律、会计行政法规、会计部门规章和地方性会计法规四个层次。其具体内容如下：

一、会计法律

会计法律是指由国家最高权力机关——全国人民代表大会及其常务委员会经过一定立法程序制定的有关会计工作的法律，是调整我国经济生活中会计关系的总规范。在我国，《中华人民共和国会计法》（以下简称《会计法》）是会计法律制度中层次最高的法律规范，是制定其他会计法规的依据。

二、会计行政法规

会计行政法规是指由国家最高行政管理机关——国务院制定发布，或者国务院有关部门拟定、经国务院批准发布，调整经济生活中某些方面会计关系的法律规范。如国务院发布的《企业财务会计报告条例》《总会计师条例》等，其法律效力仅次于《会计法》。

三、会计部门规章

会计部门规章是指国家主管会计工作的行政管理部门——财政部以及其他相关部委根据法律和国务院行政法规、决定、命令，在本部门的权限范围之内制定的、调整会计工作中某些方面内容的国家统一的会计准则制度和规范性文件，包括国家统一的会计核算制度、会计监督制度、会计机构和会计人员管理制度及会计工作管理制度等，如《代理记账管理办法》《企业会计准则——基本准则》等。

四、地方性会计法规

地方性会计法规，是指省、自治区、直辖市人民代表大会及其常委会在与会计法律、会计行政法规不相抵触的前提下，制定的仅在本行政辖区内有法律效力的规范性文件，如《四川省会计管理条例》《山东省实施〈中华人民共和国会计法〉办法》等。

相关链接

我国会计工作的主管部门是财政部门，国务院财政部主管全国的会计工作，县级以上地方各级人民政府的财政管理部门管理本行政区域内的会计工作。会计法律体系如图1－2－2所示。

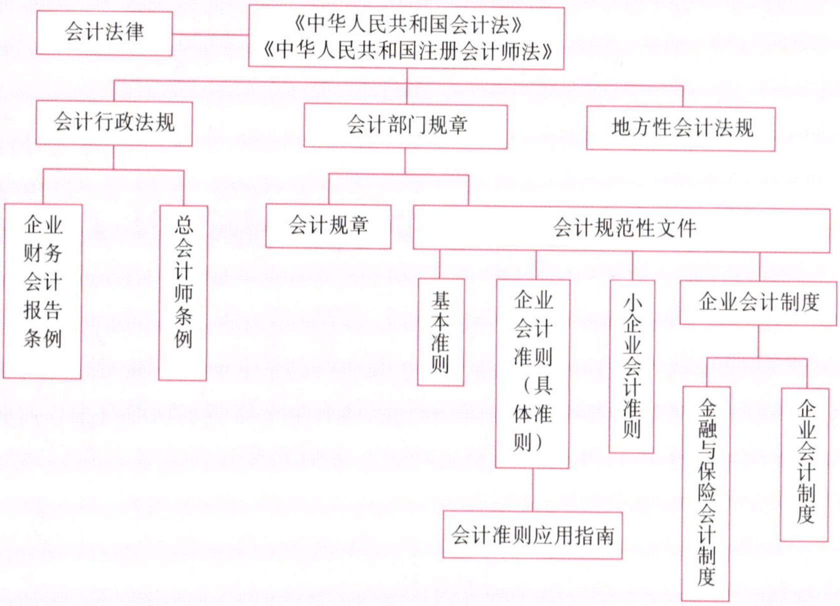

图 1-2-2　会计法律法规体系

任务实施

熟悉会计法律规范体系，为学好会计知识打好基础。

模块二
会计做账的方法

通过学习，李芳知道了社会经济活动、企业和会计的基本常识，她对会计的兴趣越发浓厚。要进行会计核算，首先就要认识会计的六大家族和理清它们之间的关系，同时知道如何来记录它们的变化。那会计六大家族到底是什么？它们间有什么关系？我们该如何来记账呢？让我们和李芳一起来学习吧！

学习目标

◆ 知识目标

☐ 了解六大会计要素的含义和特征

☐ 掌握会计等式的基本原理及变化形式

☐ 掌握会计做账的方法

◆ 技能目标

☐ 能将不同的经济内容归属于相应的会计要素

☐ 能熟练判断交易事项变化的类型及其对会计等式的影响

☐ 能熟练掌握借贷记账法的应用

◆ 情感目标

培养学生的学习兴趣和会计思维，使其感到懂得一些会计知识非常有用和有趣，从而调动其学习积极性。

项目一　会计家族——六大要素

【项目分析】我们已经学习了企业的经济活动和会计对象，会计核算的内容究竟是什么？可以说形形色色，名目繁多，但归纳起来就是六大要素。通过本项目学习，认识六大会计要素，为进一步学好会计打好基础。

任务一　认识家族成员

任务描述

要学会怎么进行会计记账，大家首先需要认识会计要素的六大家族的成员，并能很好地区分每个成员属于哪个家族。大家一起去认识六大家族的成员吧！

知识准备

会计具体的核算对象是什么？在会计专业术语上称为“会计的六大要素”，我们拟人化为六大家族。

会计要素，是对会计对象按其经济特征进行的基本分类，是会计核算对象的具体化，是用于反映会计主体财务状况、确定经营成果的基本单位。

根据《企业会计准则》的规定，企业会计要素包括资产、负债、所有者权益、收入、费用和利润六大要素。资产、负债和所有者权益是组成资产负债表的会计要素，也称“资产负债表要素”，反映企业在一定日期的财务状况，属于静态要素。收入、费用和利润是组成利润表的会计要素，也称“利润表要素”，反映企业在一定时期内的经营成果，属于动态要素。

一、资产

企业出纳每天清点现金，到银行存钱取钱，这些财产归属于企业，在会计上称为企业的资产。那么，什么是资产呢？它具有什么样的特征？这么多的资产又怎么区分呢？

（一）资产的概念

资产是指企业过去的交易或者事项形成的，由企业拥有或者控制的，预期会给企业带来经济利益的资源。

（二）资产的特征

1. 资产是由企业过去的交易或者事项形成的。
2. 资产是企业拥有或者控制的资源。
3. 该资源预期会给企业带来经济利益。

想一想

判断下列项目是否属于企业的资产：

1. 企业库房存放的代管的其他单位的商品物资。
2. 企业临时租入的机器设备。
3. 企业准备进行一项房地产投资。
4. 企业准备购买国债50万元。
5. 库存的腐烂变质的商品。

（三）资产的分类

资产按其流动性不同分为流动资产和非流动资产。

1. 流动资产。流动资产是指可以在一年内或者超过一年的一个正常营业周期内变现、出售或者耗用，或者主要为交易目的而持有的资产，主要包括货币资金、交易性金融资产、应收及预付款项、存货等。

货币资金，包括库存现金、银行存款以及其他货币资金。库存现金，是指存放在企业内部保险柜，由出纳人员保管的现金。银行存款，是指企业存放在开户银行的各种款项。其他货币资金，是指企业除库存现金、银行存款以外的其他各种货币资金，即存放地点和用途均与库存现金和银行存款不同的货币资金，主要包括银行汇票存款、银行本票存款、信用卡存款、存出投资款和外埠存款等。

交易性金融资产，主要是指企业为了近期出售而持有的金融资产，包括企业以赚取差价为目的从二级市场购入的股票、债券、基金等。

应收及预付款项是指企业在日常生产经营活动中发生的各项债权，包括应收账款、应收票据、其他应收款和预付账款等。

存货是指企业在日常活动中持有以备出售的产品或商品、处在生产过程中的在产品、在生产过程或提供劳务过程中耗用的材料或物料，包括原材料、燃料、周转材料（包装物、低值易耗品）、半成品、库存商品等。

2. 非流动资产。非流动资产是指流动资产以外的资产，主要包括长期股权投资、固定资产、无形资产、长期待摊费用等。

固定资产是指企业为生产产品、提供劳务、出租或经营管理而持有的、使用寿命超过一个会计年度、价值达到一定标准的有形资产，包括房屋建筑物、机器设备、运输工具等。

无形资产是指企业拥有或者控制的没有实物形态的可辨认的非货币性资产，主要包括专利权、非专利技术、商标权、著作权、土地使用权等。

图 2－1－1 和图 2－1－2 中所列的财产均属企业的资产。

图 2－1－1　企业流动资产

图 2－1－2 企业非流动资产

想一想

请同学们根据图 2－1－1 和图 2－1－2 思考一下，如果让你选择一种带走，你会选什么？哪一种流动性更强？

二、负债

向银行借款，企业就有欠银行的钱；购买材料而尚未支付的款项，是欠供货商的钱。这类款项有什么共同特征呢？让我们一起来学习吧！

（一）负债的概念

负债，是由企业过去的交易或者事项形成的，预期会导致经济利益流出企业的现时义务。

（二）负债的特征

1. 负债是由企业过去的交易或者事项产生的。
2. 负债是企业承担的现时义务。
3. 负债会导致经济利益流出企业。

比如企业向银行借款，将来要偿还的本金和利息，就应作为企业的一项负债来确认。如果把资产理解为企业所拥有的权利，那么负债就可以理解为企业应履行的义务。

（三）负债的分类

负债按流动性不同进行分类，可以分为流动负债和非流动负债。

1. 流动负债。流动负债是指企业在 1 年或者超过 1 年的一个正常营业周期内需要清偿的，主要为交易目的而持有的债务，主要包括短期借款、应付及预收款项、应付职工薪酬、应付利息、应交税费等。

短期借款，是指企业向银行或者其他金融机构借入的，偿还期限在 1 年以内（含 1 年）的各种借款。

应付及预收款项，是指企业在日常生产经营活动中发生的各项债务，包括应付账款、应付票据、其他应付款和预收账款等。

应付职工薪酬，是指企业根据有关规定应付给职工的各种薪酬，包括职工工资、奖金、津贴、补贴和职工福利费等。

应付利息，是指企业按照合同约定应支付的利息。

应交税费，是指企业按照税法等规定计算应交未交的各种税费，主要包括增值税、消费税、城市维护建设税、资源税、所得税、土地增值税、房产税、车船税、土地使用税、教育费附加等。

2. 非流动负债。非流动负债是指流动负债以外的负债，主要包括长期借款、应付债券、长期应付款等。

长期借款，是指企业向银行或者其他金融机构借入的期限在 1 年以上（不含 1 年）的各种借款。

长期应付款，是指企业除长期借款和应付债券以外的其他各种长期应付款项。

三、所有者权益

一个企业有资产，有负债，那么真正属于投资人的是什么呢？这就是我们今天要说的所有者权益。

（一）所有者权益的概念

所有者权益，是指企业全部资产扣除全部负债后，由所有者享有的剩余权益。公司的所有者权益又称为“股东权益”或者“净资产”。

（二）所有者权益的特征

1. 除非发生减资、清算，企业不需要偿还所有者权益。

2. 所有者权益是投资者享有的剩余权益，即所有者权益置于债权人之后，在企业清算时，企业的剩余财产在清偿所有负债后才返还给投资者。

3. 所有者凭借所有者权益能够参与利润分配。

（三）所有者权益的内容

所有者权益的来源包括所有者投入的资本、直接计入所有者权益的利得和损失、留存收益等，通常由实收资本（或股本）、资本公积和留存收益（包括盈余公积和未分配利润）等构成。

实收资本，是指投资者按照企业章程或合同、协议的约定，实际投入企业的资本。

资本公积，是指由股东投入，但不能构成“股本”或“实收资本”的资金部分，主要包括资本溢价、投入资本汇兑损益等。

例如，某企业成立之初，由甲和乙根据协议各出资 50 万元组建，双方根据出资比例共担风险和共享收益，则两人共同出资的注册资本 100 万元即是企业的实收资本。随着经营活动的发生，企业开始盈利，发展前景很好，于是丙出资 65 万元享有企业 1/3 的份额，但实际股权价值为 50 万元，投资超出 50 万元的 15 万元部分，则计入企业的资本公积——资本溢价中。

为了防范企业风险和增强企业自身的发展后劲，企业在经营过程中所实现的利润不会全部分配给投资者，而是保留一部分在企业内部，因此就形成留存收益。留存收益包括企业的盈余公积和未分配利润两个部分，其中，盈余公积有特定用途，未分配利润没有指定用途。

扫一扫

公司制企业提取盈余公积的规定

根据《中华人民共和国公司法》（以下简称《公司法》）等有关规定，公司制企业的法定公积金按照税后利润的10%提取（非公司制企业也可以按照超过10%的比例提取），在计算提取法定盈余公积金的基数时，不应包括企业年初未分配利润。公司法定盈余公积金累计额为公司注册资本的50%以上时，可以不再提取法定公积金。

公司从税后利润中提取法定公积金后，经股东会或者股东大会决议，还可以从税后利润中提取任意公积金。

想一想

1. 负债和所有者权益这两大要素的区别和联系主要有哪些？
2. （单选题）资产、负债、所有者权益反映企业某一特定日期的（　　）。
   A. 经营成果　　B. 财务状况
   C. 现金收入　　D. 现金流出
3. （单选题）下列各项中，不属于企业所有者权益的是（　　）。
   A. 银行存款　　B. 实收资本
   C. 资本公积　　D. 未分配利润
4. （多选题）下列各项中，属于固定资产的是（　　）。
   A. 原材料　　B. 房屋建筑物
   C. 机器设备　　D. 运输工具

四、收入

企业生产了产品，要将产品销售出去才能赚钱。企业销售产品所得的收益在会计上称为“收入”。

（一）收入的概念

收入，是企业在日常经营活动中形成的，会导致所有者权益增加的，与所有者投入资本无关的经济利益的总流入。

（二）收入的特征

1. 收入是企业日常经营活动形成的经济利益的总流入。日常经营活动，是指企业为完成其经营目标所从事的经常性活动以及与之相关的活动。

2. 收入必然导致所有者权益的增加。收入通常表现为资产的增加或负债的减少，最终必然导致所有者权益的增加。

3. 收入是与所有者投入资本无关的经济利益的总流入。

(三) 收入的分类

收入按照不同的标准区分有不同的分类，具体如下：

1. 按照经济性质进行分类
   - 销售商品收入
   - 提供劳务收入
   - 让渡资产使用权收入
2. 按照业务主次进行分类
   - 主营业务收入
   - 其他业务收入

五、费用

企业在生产经营过程中会发生直接和间接的开支，这些开支都是为维持企业正常的经营活动而发生的，在会计上应该归为一类，具体应归集为哪个大家族呢？这个大家族称为“费用”。

(一) 费用的概念

费用，是指企业在日常活动中发生的，会导致所有者权益减少的，与向所有者分配利润无关的经济利益的总流出。

(二) 费用的特征

1. 费用是企业日常经营活动中发生的经济利益的总流出。

2. 费用必然导致所有者权益的减少。费用通常表现为资产的减少，有时也表现为负债的增加，费用无论表现为资产的减少还是负债的增加，最终必然导致所有者权益的减少。

3. 费用是与向所有者分配利润无关的经济利益的总流出。

(三) 费用的分类

费用按照其与收入的配比关系，可以划分为生产费用和期间费用。

生产费用，是与企业日常生产经营活动有关的费用，分为直接费用和间接费用。直接费用包括直接材料费用、直接人工费用等。间接费用为制造费用。

期间费用，是指企业本期发生的，不能直接或间接计入生产成本，而是直接计入当期损益的各项费用，包括管理费用、销售费用和财务费用。

费用的分类如图 2－1－3 所示。

- 费用
  - 生产费用
    - 直接材料
    - 直接人工
    - 制造费用
  - 期间费用
    - 管理费用
    - 销售费用
    - 财务费用

图 2－1－3 费用的分类

六、利润

企业经营的主要目的是营利。那么，我们在日常生活中所说的赚钱，在会计上应该列为什么内容呢？它就是利润。

（一）利润的概念

利润，是指企业一定会计期间的经营成果。利润包括收入减去费用后的净额、直接计入当期利润的利得和损失。

（二）利润的分类

利润按其形成过程不同，分为营业利润、利润总额和净利润。

任务实施

1. （单选题）收入、费用和利润反映企业一定期间的（　　）。

A. 经营成果　　B. 财务状况

C. 现金收入　　D. 现金流出

2. （单选题）下列各项中，不构成产品成本的是（　　）。

A. 直接材料　　B. 直接人工

C. 制造费用　　D. 管理费用

3. （多选题）下列各项中，属于企业收入的是（　　）。

A. 主营业务收入　　B. 营业外收入

C. 实收资本　　D. 其他业务收入

4. 练习会计要素的分类。

请把以下各项目归类到不同的会计要素中：库存现金、周转材料、其他应付款、其他业务收入、资本公积、其他货币资金、应付账款、管理费用、长期股权投资、长期应付款、应收票据、预收账款、预付账款、应收利息、生产成本、实收资本、应收股利、销售费用、其他应收款、库存商品、原材料、固定资产、银行存款、短期借款、应付票据、应付职工薪酬、应付股利、长期借款、应付债券、盈余公积、应交税费、未分配利润、主营业务收入、无形资产、制造费用、应收账款、应付利息、财务费用。

（1）资产要素

(2) 负债要素

(3) 所有者权益要素

(4) 收入要素

(5) 费用要素

(6) 利润要素

任务二　掌握家族成员的关系

任务描述

李芳认识了会计六大家族的成员后，她开始好奇六大家族之间是否存在一定的关联关系，因此她决定请教老师。老师给了李芳两张报表，分别是资产负债表和利润表，让李芳自己先好好看看，试着去发现六大家族间的关系。让我们和李芳通过报表去探索六大家族间的关系吧！

知识准备

一、财务状况三个家族的关系

李芳拿到老师给的企业资产负债表（见表2-1-1）后仔细看了看，她发现资产负债表中主要包括资产、负债和所有者权益三个家族的成员，左方列示的是资产各项目，反映全部资产项目的金额，按其流动性分类分项列示，分别为流动资产和非流动资产。右方列示负债及所有者权益各项目的金额，反映负债及所有者权益各项目的分布及数量。负债也按其流动性大小进行列示，具体分为流动负债、非流动负债等；所有者权益则按实收资本、资本公积、盈余公积、未分配利润等项目分项列示。

表2-1-1　　资产负债表　　会企01表

编制单位：　　年　月　日　　单位：元

资　产	期末余额	年初余额	负债和所有者权益（或股东权益）	期末余额	年初余额
流动资产：			流动负债：		
货币资金			短期借款		
以公允价值计量且其变动计入当期损益的金融资产			以公允价值计量且其变动计入当期损益的金融负债		
应收票据			应付票据		
应收账款			应付账款		
预付款项			预收款项		
应收利息			应付职工薪酬		
应收股利			应交税费		
其他应收款			应付利息		
存货			应付股利		
划分为持有待售的资产			其他应付款		
一年内到期的非流动资产			一年内到期的非流动负债		
其他流动资产			其他流动负债		
流动资产合计			流动负债合计		

续表

资　产	期末余额	年初余额	负债和所有者权益（或股东权益）	期末余额	年初余额
非流动资产：			非流动负债：		
可供出售金融资产			长期借款		
持有至到期投资			应付债券		
长期应收款			长期应付款		
长期股权投资			专项应付款		
投资性房地产			预计负债		
固定资产			递延收益		
在建工程			递延所得税负债		
工程物资			其他非流动负债		
固定资产清理			非流动负债合计		
生产性生物资产			负债合计		
油气资产			所有者权益（或股东权益）：		
无形资产			实收资本（或股本）		
开发支出			资本公积		
商誉			减：库存股		
长期待摊费用			其他综合收益		
递延所得税资产			盈余公积		
其他非流动资产			未分配利润		
非流动资产合计			所有者权益（或股东权益）合计		
资产总计			负债和所有者权益（或股东权益）总计		

接着老师告诉她，企业的资产负债表包含着反映财务状况的三个静态要素：资产、负债和所有者权益。在企业的实际经营活动中，企业的资金是从资产负债表的右边跑到左边的。首先看看资产负债表的右边，它是企业经营所需资金的来源，主要是通过借入（负债）和所有者投入。资金从资产负债表的右边来了，那用到哪里去了？企业筹集到的资金主要用于建造各项资产，也就是资金的占用了。“哦，我明白了，那就是说资产负债表中左边的资产是等于右边的负债和所有者权益之和了！”李芳说道。老师向李芳点了点头，并又举了个例子更形象地反映财务三家族——资产、负债和所有者权益的关系：

某企业创建时拥有300万元的资产，它来源于投资者投入的100万元，向银行借款200万元。投资者投入的100万元，对企业来说形成所有者权益，向银行（债权人）借入的资金200万元，形成企业的负债。资产和负债、所有者权益是资金这个同一体的两个方面，资产（资金占用）来源于权益（包括所有者权益和债权人权益），因而客观上存在必然相等的关系。

这一平衡公式用公式表示为：

资产（300万元）＝权益（300万元）

即

资产 = 负债 + 所有者权益（静态等式）

二、经营成果三个家族的关系

接着，李芳又仔细查看老师给她的利润表（如表 2-1-2 所示）。

表 2-1-2　　利润表　　会企 02 表

编制单位：　　年　月　　单位：元

项　目	本期金额	上期金额
一、营业收入		
减：营业成本		
税金及附加		
销售费用		
管理费用		
财务费用		
资产减值损失		
加：公允价值变动收益（损失以“-”号填列）		
投资收益（损失以“-”号填列）		
其中：对联营企业和合营企业的投资收益		
二、营业利润（亏损以“-”号填列）		
加：营业外收入		
其中：非流动资产处置利得		
减：营业外支出		
其中：非流动资产处置损失		
三、利润总额（亏损总额以“-”号填列）		
减：所得税费用		
四、净利润（净亏损以“-”号填列）		
五、其他综合收益		
六、综合收益总额		
七、每股收益		
（一）基本每股收益		
（二）稀释每股收益		

老师接着告诉李芳，随着企业经济活动的发生，企业的资金又从资产负债表的左边跑到利润表中的成本和费用中，递减收入后得到利润，剔除所得税费用后变成净利润，也就是企业赚的钱，提取其中一部分钱仍然留在企业继续经营，让企业发展壮大，于是资金就从利润表上跑到资产负债表的右下方，成为了所有者权益的一部分，即相当于所有者又投入了资金。李芳惊讶地说：“那么，整个资产负债表和利润表就是钱在跑来跑去？整个企业就是钱在跑来跑去？好像是这样噢。那么报表上的会计科目就都是钱啦。我知道啦，它们都是钱的

名字，钱一天到晚跑来跑去，而且变来变去，在不同的地方有不同的形式，自然在不同的地方就有不同的名字，企业就产生了收入、费用和利润。”“是的，就是这样的，资金在企业就是这样循环的。”老师笑着点了点头。

李芳明白了反映企业经营成果的三个家族收入、费用和利润的关系：

收入 - 费用 = 利润（动态等式）

该等式也是编制利润表的基础。

三、六大家族间的关系

企业在一定时期内取得的经营成果能够对资产和所有者权益产生影响：收入可导致企业资产增加或负债减少，最终会导致所有者权益增加；费用可导致企业资产减少或负债增加，最终会导致所有者权益减少。

因此，一定时期的经营成果必然影响一定时点的财务状况。把一定会计期间的六个会计要素联系起来，就可得到以下公式：

资产 = 负债 + 所有者权益 +（收入 - 费用）= 负债 + 所有者权益 + 利润

四、经济业务发生会影响六大家族的关系吗

企业在生产经营过程中要发生各种各样的交易或者事项，如购进设备与材料、向银行借款、生产产品、出售产品和回收货款等。企业每发生一笔经济业务，都会对会计要素产生一定的影响。一项会计要素发生增减变动，其他有关要素也可能随之发生等额变动，或者是在同一会计要素中某一具体项目发生增减变动，其他有关项目也会随之等额变动，那么是否会对会计等式造成影响呢？李芳决定用广州华远塑料制品有限公司（以下简称“华远公司”）2016 年 6 月发生的部分交易事项和业务好好验证一下！

华远公司 2016 年 6 月 1 日资产和权益总额如下：

资产 = 权益（负债总额 200 000 + 所有者权益总额 400 000）= 600 000（元） ①

2016 年 6 月份，华远公司发生如下经济业务：

【例 2-1-1】 6 月 3 日，华远公司向甲企业购入原材料一批，价值 2 万元，货款暂欠。

该笔经济业务的发生，使资产方“存货（原材料）”增加 2 万元，同时使权益方“应付账款”增加 2 万元，结果双方总额增加，但仍保持相等。即

资产 = 权益 = 600 000 元（原等式）

资产 + 20 000 = 权益 + 20 000 = 600 000 + 20 000 = 620 000（元） ②

其总额从原来的 60 万元变为 62 万元，但会计等式两边仍保持相等。

【例 2-1-2】 6 月 10 日，华远公司以银行存款偿还短期借款 3 万元。

该笔经济业务的发生，使资产方“银行存款”减少 3 万元，同时使权益方“短期借款”减少 3 万元，结果双方总额减少，但仍保持相等。即

资产 = 权益 = 620 000（元）

资产 - 30 000 = 权益 - 30 000 = 590 000（元） ③

其总额由原来的 62 万元变为 59 万元，但会计等式两边仍保持相等。

【例 2-1-3】 6 月 15 日，华远公司从银行提取现金 500 元，以备用。

该笔经济业务的发生，使资产方“库存现金”增加 500 元，同时使资产方“银行存款”

减少 500 元，结果总额不变，仍保持相等。即

资产 = 权益 = 590 000（元）

资产 + 500 − 500 = 权益 = 590 000（元） ④

经济业务只涉及等式一边，其总额不变，即还是原来的 59 万元。

【例 2－1－4】 6 月 20 日，原来的一笔长期借款 10 万元转作投入资本。

该笔经济业务的发生，使权益方（所有者权益）的“实收资本”增加 10 万元，同时使权益方（负债）的“长期借款”减少 10 万元，结果总额不变，仍保持相等。即

资产 = 权益 = 590 000（元）

资产 = 权益 − 100 000 + 100 000 = 590 000（元） ⑤

经济业务只涉及等式一边，其总额不变，即还是原来的 59 万元。

通过验证，李芳清楚了企业发生的任何一笔经济业务，不管会计要素发生了怎样的增减变动，都不会破坏会计等式中各要素的平衡关系，其资产总额总是与权益总额相等，即资产 = 权益（负债 + 所有者权益）的等式关系永远不会被破坏。即使总额有所变化，也只不过是使等式从旧的平衡达到了新的平衡。如果不相等，说明记账存在错误。

归纳起来，经济业务的发生所引起的等式两边会计要素的增加变动方式不外乎以下四种类型：

第一，资产与权益同时增加相等的金额，等式两边总额增加，等式仍保持平衡，如【例 2－1－1】。

第二，资产与权益同时减少相等的金额，等式两边总额减少，等式仍保持平衡，如【例 2－1－2】。

第三，资产内部有增有减，且增减金额相等，等式两边总额不变，等式仍保持平衡，如【例 2－1－3】。

第四，权益内部有增有减，且增减金额相等，等式两边总额不变，等式仍保持平衡，如【例 2－1－4】。

任务实施

1.（单选题）下列经济业务中，会引起资产总额发生变动的是（　　）。

A. 从银行存款提取现金 1 000 元　　B. 用银行存款 50 000 元购买固定资产

C. 投资者投入资本 200 000 元　　D. 领用 30 000 元原材料进行产品生产

2.（单选题）下列会计等式表述正确的是（　　）。

A. 资产 + 负债 = 所有者权益　　B. 资产 − 负债 = 所有者权益

C. 资产 + 所有者权益 = 负债　　D. 资产 + 利润 = 所有者权益 + 负债

3.（判断题）以现金发放职工工资，会引起企业的现金减少和支付给职工的工资债务增加。（　　）

4. 分析以下经济业务分别属于哪种类型经济业务，各项经济业务是否影响资金总额的变化。

（1）企业投资全新运输卡车一部，价值 5 万元。

（2）购入材料一批，价值 1 万元，材料已验收入库，货款未付。

(3) 车间领用材料5 000元，投入生产。

(4) 收到购货单位所欠货款3 000元，存入银行。

(5) 用银行存款偿付前欠供料单位货款2 000元。

(6) 从银行提取现金1 000元备用。

(7) 向银行借入流动资金5万元，存入银行。

(8) 用现金预付职工张华差旅费600元。

(9) 用银行存款1万元，偿还银行借款。

项目二　记录会计家族成员活动的方法

【项目分析】本项目主要介绍会计科目、会计账户的含义及内容和会计记账方法。通过本项目的学习，学会记录会计家族成员活动的方法。

任务一　识别会计记录场所

任务描述

通过学习，李芳认识了会计六大家族，知道了什么是会计要素。可是，她发现每一类会计要素中都包含了很多内容，例如在资产中，有现钞、存货、机器设备等，在会计工作中，到底怎么称呼和记录它们呢？企业的经济事项和业务会引起六大家族成员的变化，那这些变化应该记录在哪儿呢？李芳很疑惑。

老师告诉李芳，会计要素是编制报表的时候所用到的项目，而在做账的时候用到的是会计科目和账户。我们和李芳一起去学习有关会计科目和账户的知识吧！

知识准备

一、会计科目

(一) 会计科目的含义

每一类会计要素中都包含了很多内容，为了便于各个单位进行会计核算，需要给会计要素再进行细分，这样就产生了会计科目。

会计科目是把会计要素的内容分成具体的每一个项目，再给每一项目一个名称。就像把地球上的陆地分成了七大洲，每一个洲包含了很多国家，再给每一个国家一个名字一样。

实际上，会计科目都是非常形象的。例如，在资产中，出纳保管的钱就称为“库存现金”，存在银行里的钱就称为“银行存款”；负债中，买了东西还没付的钱就形成“应付账款”。

但是主管部门在制定会计科目时是有一定规则的，下面就看一下会计科目的分类。

（二）会计科目的分类

1. 按经济内容分类。根据会计科目所反映的经济内容不同，可以分为以下五大类：

（1）资产类。该类科目主要是反映各种形式的资产，如“库存现金”“银行存款”“原材料”“库存商品”“固定资产”“无形资产”等。

（2）负债类。该类科目主要是反映各种形式的负债，如“短期借款”“应付账款”“应付职工薪酬”“长期借款”等。

（3）所有者权益类。该类科目主要是反映所有者所享有的各种经济利益，如“实收资本”“资本公积”“盈余公积”“本年利润”和“利润分配”等。

（4）成本类。该类科目反映产品生产过程中发生的各种直接费用和间接费用，如“生产成本”“制造费用”等。

（5）损益类。该类科目反映生产经营过程中发生的各种收益，以及不能计入成本的各种费用，如“主营业务收入”“其他业务收入”“营业外收入”“主营业务成本”“其他业务成本”“管理费用”等。

各要素与科目之间的关系，如图 2－2－1 所示。

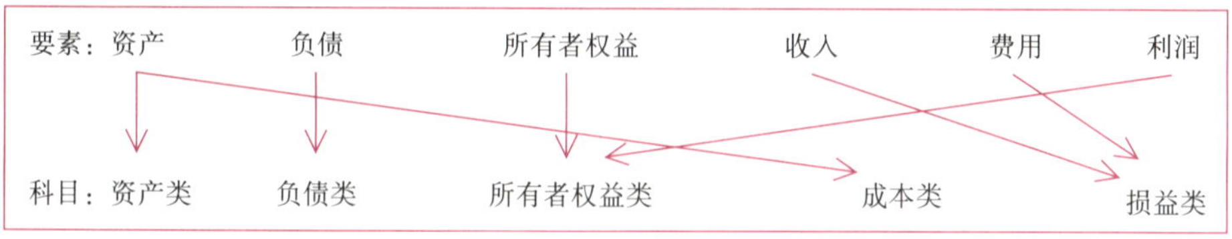

图 2－2－1　各要素与科目关系图

2. 按所反映经济内容的详细程度分类。会计科目按照所反映经济内容的详细程度不同分为以下两类：

（1）总分类科目。总分类科目也称“一级科目”，是对会计要素的具体内容进行总括分类的科目，提供的只是总体信息。

根据财政部最新《企业会计准则》，将常用的总分类会计科目列示在表 2－2－1 中。

表 2－2－1　　会计科目表

编　号	名　称	编　号	名　称
一、资产类		2201	应付票据
1001	库存现金	2202	应付账款
1002	银行存款	2203	预收账款
1012	其他货币资金	2211	应付职工薪酬
1101	交易性金融资产	2221	应交税费
1121	应收票据	2231	应付利息
1122	应收账款	2232	应付股利
1123	预付账款	2241	其他应付款

续表

编　号	名　称	编　号	名　称
1131	应收股利	2501	长期借款
1132	应收利息	三、所有者权益类	
1221	其他应收款	4001	实收资本
1231	坏账准备	4002	资本公积
1401	材料采购	4101	盈余公积
1402	在途物资	4103	本年利润
1403	原材料	4104	利润分配
1404	材料成本差异	4201	库存股
1405	库存商品	四、成本类	
1411	周转材料	5001	生产成本
1471	存货跌价准备	5101	制造费用
1511	长期股权投资	五、损益类	
1512	长期股权投资减值准备	6001	主营业务收入
1531	长期应收款	6051	其他业务收入
1601	固定资产	6111	投资收益
1602	累计折旧	6301	营业外收入
1603	固定资产减值准备	6401	主营业务成本
1604	在建工程	6402	其他业务成本
1606	固定资产清理	6403	税金及附加
1701	无形资产	6601	销售费用
1702	累计摊销	6602	管理费用
1703	无形资产减值准备	6603	财务费用
1901	待处理财产损溢	6701	资产减值损失
二、负债类		6711	营业外支出
2001	短期借款	6801	所得税费用

注意：总分类科目原则上由国家主管部门统一规定，在不违反会计准则中确认、计量、报告规定的前提下，各单位可自行增设、分拆、合并会计科目，以满足本单位的实际需要。

相关链接

企业常用的会计科目应当熟记，至少也要熟悉，这将直接关乎到后面借贷记账法的学习。对于初学者来说，在短时间内记清会计科目不是一件很容易的事，下面帮助大家归纳总结一些小方法，以便于记忆：

很多科目名称是相对应的。收付对应：例如，应收账款和应付账款、预收账款和预付账款、其他应收款和其他应付款等。收支对应：例如，主营业务收入和主营业务成本、其他业务收入和其他业务成本、营业外收入和营业外支出。长短对应，例如：短期借款和长期借款等。

有一些根据名字就可以理解其含义的科目。例如，现金、银行存款、应收账款、其他应收款、原材料、库存商品、无形资产、短期借款、长期借款、应付账款、预收账款、应付职工薪酬、应交税费、本年利润、生产成本、主营业务收入、主营业务成本、所得税费用等等。

(2) 明细分类科目。明细分类科目是在总分类科目下设置的能反映详细信息的科目。明细科目一般由单位根据实际业务需要来设定。

例如，华远公司在经济活动中产生了应向光明厂和远大公司收回的货款，则科目设置见表 2－2－2。

表 2－2－2 华远公司应收账款科目的设置

	总分类科目（一级科目）	明细分类科目
	应收账款	光明厂
		远大公司
说　明	必须使用国家规定的一级科目	根据单位需要设定

在书写会计科目时，一般在总分类科目和明细分类科目之间用“——”进行连接，上例应写为“应收账款——光明厂”和“应收账款——远大公司”。

上述例子中的会计科目共有两级，实际工作中还可以根据需要在总分类科目和明细分类科目之间设置二级科目，见表 2－2－3。

表 2－2－3 原材料科目的设置

	总分类科目	二级科目	明细分类科目
	原材料	原料及主要材料	聚乙烯
			聚丙烯
		辅助材料	着色剂
			油　漆
说　明	使用国家规定一级科目	根据单位需要设定	根据单位需要设定

上例的会计科目书写时可写为：“原材料——原料及主要材料（聚乙烯）”。

二、会计账户

（一）账户的含义

在前面的学习中，李芳知道了把会计要素细分后形成具体的会计科目，可是只从会计科目这么一个名称我们根本不可能了解其涉及的交易和事项具体是怎么进行的。因此要反映出每一具体会计交易和事项的变化情况，就要学习账户。

会计账户，是根据会计科目来设立的，用来连续、系统、分类地记录和反映会计要素增减变化及其结果的载体。

（二）账户的分类

1. 按经济内容分类。

（1）资产类账户：根据资产类会计科目开设的账户。

（2）负债类账户：根据负债类会计科目开设的账户。

（3）所有者权益类账户：根据所有者权益类会计科目开设的账户。

（4）成本费用类账户：根据图 2－2－2 所示两个部分会计科目开设的账户。

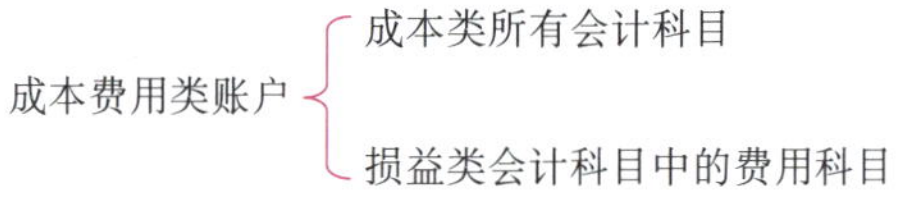

图 2－2－2　成本费用类账户的设置

（5）收入类账户：根据损益类会计科目中的收入、收益科目开设的账户。

2. 按所提供指标的详细程度分类。

（1）总分类账户：根据总分类科目（一级科目）开设的账户，反映的是某一会计科目的总体信息，主要采用价值指标进行核算。

（2）明细分类账户：根据明细分类科目开设的账户，反映的是总分类账户所属某一明细账户的详细信息，示例如图 2－2－3 所示。

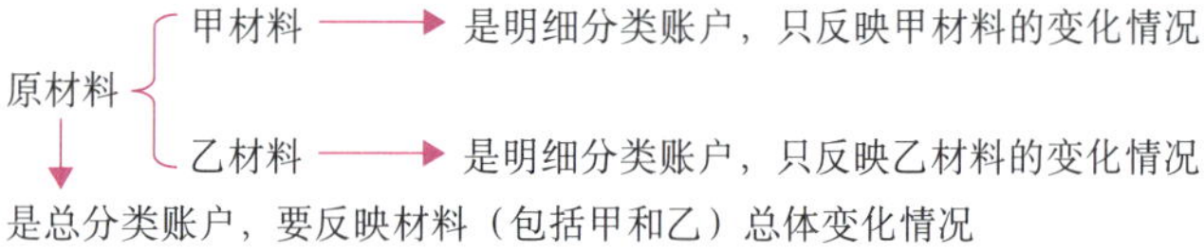

图 2－2－3　不同级别账户反映的信息

（三）账户的结构

1. 账户的基本结构。会计账户作为记载工具，具有基本的格式和结构，一般包括账户名称、日期、凭证字号、摘要、账户的方向（借或贷）、余额，具体见表 2－2－4。

表 2－2－4　　账户的基本结构举例

账户名称（即会计科目）：库存现金

年		凭证号数	摘要	借方	贷方	借或贷	余额
月	日						

表 2－2－4 就是实际工作中会计工作人员常常用到的账页，把“库存现金”写在了账页上，就形成了记录“库存现金”变化情况的“库存现金”账户。当把任一会计科目写在

空白账页上，那么就形成了记录该会计科目变化情况的账户。

2. 账户基本结构的简化形式。在实务中，从账户名称、记录增加和减少的借、贷左右两方来看，账户结构类似于汉字“丁”字和英文字母“T”，因此账户的基本结构在会计实务中被称为“丁”字账户或“T”形账户。为了便于会计教学和练习，在使用一个账户时，我们常常用到它的简化形式——“丁”字账或“T”形账，如图2－2－4所示。

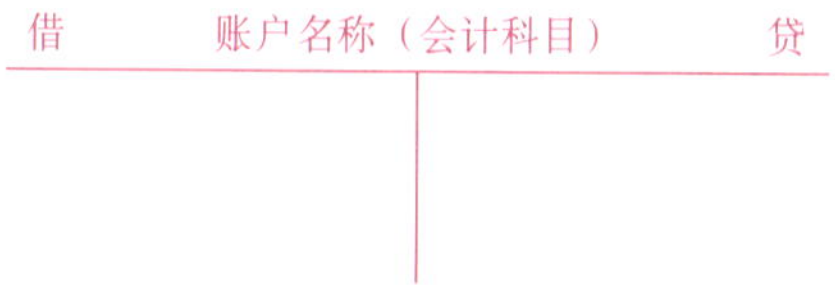

图2－2－4 “T”形账户

上述“库存现金”账户基本结构的简化形式如图2－2－5所示。

图2－2－5 库存现金账户基本结构的简化形式

（四）会计科目与会计账户的联系与区别

会计科目与会计账户的联系：

1. 每一个会计科目对应一个会计账户，两者都代表同一经济内容。

2. 会计科目是会计账户的名称，只是会计账户里的一项内容。

会计科目与会计账户的区别：会计科目就是一个名称，没有结构，而会计账户有一定的结构和格式。所以会计科目和会计账户之间的关系就好比人的姓名和人之间的关系。

任务实施

1. （单选题）对会计要素的内容进行再细分，形成（　　）。

A. 会计要素　　B. 会计原则

C. 会计类别　　D. 会计科目

2. （单选题）“预收账款”账户属于（　　）账户。

A. 资产类　　B. 负债类

C. 所有者权益类　　D. 损益类

3. （多选题）会计账户主要包括的内容有（　　）。

A. 会计科目　　B. 日期

C. 账户方向　　D. 余额

4. 讨论记忆会计科目表的方法。

5. 讨论分析会计科目和会计账户的联系与区别。

任务二 学会会计记录方法

任务描述

李芳现在只是知道了会计最基本的工具，知道了“记录在哪儿”，但是关于“怎么记录”，大家知道吗？所以我们还要来学习我们国家现在采用的记账法，看看会计到底是如何记账的。

知识准备

一、复式记账法

（一）复式记账法的概念

华远公司去开户银行提取现金备用。应该怎么记录呢？“复式记账法”就是对发生的每一项交易事项都以相等的金额同时在两个或两个以上相互联系的账户上进行登记的一种记账方法。在上例中，采用复式记账法就不能只记企业银行存款减少了 4 000 元，或只记库存现金增加了 4 000 元，而要同时记录：

1. 银行存款减少了 4 000 元；
2. 库存现金增加了 4 000 元。

（二）复式记账法的种类

复式记账法有借贷记账法、收付记账法和增减记账法三种。目前，我国按规定统一使用借贷记账法进行记账。

二、借贷记账法

借贷记账法，是指用“借”和“贷”作为记账符号，以资产和权益的平衡关系为基础，以“有借必有贷，借贷必相等”为记账规则的一种复式记账法。

（一）记账符号

“借”和“贷”仅仅是记账的符号，本身没有任何意义。

“借”和“贷”两个字，用于反映交易、事项的发生引起的会计要素的增减变化，至于什么时候反映增加，什么时候反映减少，取决于账户的性质。记账方向我们可以根据会计综合等式“资产 + 费用 = 负债 + 所有者权益 + 收入”来进行记忆，等式同边的账户记账方向相同，等式左右两边的账户记账方向相反。资产的增加、权益和收入的减少，记入账户的借方；资产的减少、权益的增加、成本费用的减少，记入账户的贷方。

（二）账户结构

借贷记账法下，账户的左方称为“借方”，右方称为“贷方”。所有账户的借方和贷方按相反方向记录增加数和减少数，即一方登记增加额，另一方就登记减少额。至于“借”表示增加，还是“贷”表示增加，则取决于账户的性质与所记录经济内容的性质。

期初余额：是指在期初还没开始当期业务时账户上的金额，即上期的期末余额，如月初数、年初数。

本期增加额：是指由于本期业务的发生导致账户上的金额发生的增加数。

本期减少额：是指由于本期业务的发生导致账户上的金额发生的减少数。

期末余额：是指在本期业务全部完成后根据账户增减变动计算出的金额，即月末数、年末数。

每一个账户的期初余额、本期增加额、本期减少额、期末余额四个金额间有如下的等量关系：

期末余额 = 期初余额 + 本期增加额 − 本期减少额

1. 资产类账户的结构。资产类账户一般按以下规定登记：

（1）资产类账户“期初余额”在“借方”，表示该账户在期初时的实际数。

（2）“借方”表示增加数，“贷方”表示减少数。

（3）资产类账户“期末余额”一般在“借方”，反映期末该账户的实有数。资产类账户的结构如图 2－2－6 所示。

借方	资产类账户	贷方
期初余额	…	
本期增加额	…	… 本期减少额
本期借方发生额		… 本期贷方发生额
期末余额		

注：期末借方余额 = 期初借方余额 + 本期借方发生额 − 本期贷方发生额

图 2－2－6　资产类账户的结构

【例 2－2－1】 华远公司 11 月份资产类账户中的“库存现金”账户期初有 2 000 元，本月发生如下变化：

（1）11 月 2 日，现金增加 1 000 元；

（2）11 月 5 日，现金减少 500 元；

（3）11 月 10 日，现金增加 200 元；

（4）11 月 20 日，现金减少 50 元。

假定本月华远公司无其他现金收支情况，本月“库存现金”账户在“T”形账户中的登记如图 2－2－7 所示。

借方	库存现金		贷方
期初余额	2 000		
本期增加额	1 000	500	本期减少额
	200	50	
本期借方发生额	1 200	550	本期贷方发生额
期末余额	2 650		

图 2－2－7　“库存现金”账户变动情况

2. 成本类账户的结构。成本类账户的结构与资产类账户一致，但是成本类账户一般没有期末余额（“生产成本”账户除外）。

在成本类账户中，“借方”表示增加数，“贷方”表示减少数。

成本类账户的结构如图 2－2－8 所示。

借方	成本类账户		贷方
本期增加额	…	…	本期减少额
本期借方发生额	…	…	本期贷方发生额

图 2－2－8　成本类账户的结构

成本类账户，期末时因为没有期末余额，下期自然也没有期初余额。登账结束，无余额用“平”字表示。

【例 2－2－2】 华远公司 11 月份成本费用类账户中，“制造费用”账户发生如下变化：

（1）11 月 15 日，制造费用增加 2 550 元；

（2）11 月 31 日，制造费用增加 17 000 元；

（3）11 月 31 日，制造费用增加 13 650 元；

（4）11 月 31 日，制造费用减少 33 200 元（2 550＋17 000＋13 650），期末无余额。

假定本月华远公司无其他“制造费用”变动情况，本月“制造费用”的“T”形账登记如图 2－2－9 所示。

借方	制造费用		贷方
本期增加额	2 550 17 000 13 650	33 200	本期减少额
本期借方发生额	33 200	33 200	本期贷方发生额
	平		

图 2－2－9　“制造费用”账户变动情况

3. 负债和所有者权益类账户的结构。负债和所有者权益类账户一般按以下规定登记：

（1）负债和所有者权益类账户“期初余额”一般在“贷方”，表示该账户期初的实际数。

（2）“贷方”表示增加数，“借方”表示减少数。

（3）负债和所有者权益类账户“期末余额”一般在“贷方”，反映期末该账户的实有数。

负债和所有者权益类账户的结构如图 2－2－10 所示。

借方	负债和所有者权益类账户		贷方
		…	期初余额
本期减少额	…	…	本期增加额
本期借方发生额	…	…	本期贷方发生额
		…	期末余额

注：期末贷方余额＝期初贷方余额＋本期贷方发生额－本期借方发生额

图 2－2－10　负债类账户的结构

【例2－2－3】 华远公司11月份负债类账户中的“应付账款”账户期初有3万元，本月发生如下变化：

（1）11月4日，应付账款减少8 500元；

（2）11月12日，应付账款增加1 000元；

（3）11月18日，应付账款减少6 000元；

（4）11月26日，应付账款增加2 400元。

假定本月华远公司无其他“应付账款”变动情况。本月“应付账款”账户在“T”形账户中的登记如2－2－11所示。

借方	应付账款		贷方
		30 000	期初余额
本期减少额	8 500	1 000	本期增加额
	6 000	2 400	
本期借方发生额	14 500	3 400	本期贷方发生额
		18 900	期末余额

图2－2－11 “应付账款”账户变动情况

4. 损益类账户的结构。

（1）收入类账户的结构。收入类账户的结构与负债类账户、所有者权益类账户一致，但应注意：收入类账户无期末余额，因此也没有期初余额。在收入类账户中，“贷方”表示增加数，“借方”表示减少数。收入类账户的结构如图2－2－12所示。

借方	收入类账户		贷方
本期减少额	…	…	本期增加额
本期借方发生额	…	…	本期贷方发生额
（一般无期末余额）			

图2－2－12 收入类账户的结构

（2）费用类账户的结构。费用类账户的结构与所有者权益类账户的结构相反，费用类账户无期末余额，因此也没有期初余额。在费用类账户中，“借方”表示增加数，“贷方”表示减少数。费用类账户的结构如图2－2－13所示。

借方	费用类账户		贷方
本期增加额	…	…	本期减少额
本期借方发生额	…	…	本期贷方发生额
（一般无期末余额）			

图2－2－13 费用类账户的结构

相关链接

借贷记账法下，各类账户的基本结构可概括为：

各类账户的基本结构

账户类别	借　方	贷　方	余额方向
资产类	增　加	减　少	借　方
负债类	减　少	增　加	贷　方
成本类	增　加	减少（或转销）	一般无余额
所有者权益类	减　少	增　加	贷　方
收入类（损益类）	减少（或转销）	增　加	一般无余额
费用类（损益类）	增　加	减少（或转销）	一般无余额

想一想

会计要素、会计科目、会计账户之间有什么关系？

任务实施

1.（单选题）以下账户中，在会计期末一般没有余额的账户是（　　）。

A. 应收账款　　B. 实收资本

C. 银行存款　　D. 主营业务收入

2.（单选题）在借贷记账法下，账户的借方用来登记（　　）。

A. 资产类账户的减少　　B. 负债类账户的减少

C. 收入类账户的增加　　D. 所有者权益类账户的增加

3.（单选题）若“实收资本”账户期初余额为 12 万元，本期借方发生额为 5 万元，贷方发生额为 6 万元，则本期期末余额为（　　）万元。

A. 1　　B. 11

C. 13　　D. 0

4.（多选题）会计账户的借方登记（　　）。

A. 资产增加　　B. 负债减少

C. 费用增加　　D. 所有者权益增加

5.（判断题）账户的基本结构分左、右两个方向，左方登记增加，右方登记减少。（　　）

6.（判断题）账户与会计科目都是会计对象具体内容的科学分类，两者口径一致，但性质不同。（　　）

（三）记账规则

在借贷记账法下，所有的账户都用“借”和“贷”来表示自己的变化情况，因此在进行记账时，一定要遵守“有借必有贷，借贷必相等”的记账规则。在业务变化中，如果有账户借方发生变动，一定会涉及对应账户的贷方变动，且金额相等。同样，如果有账户贷方发生变动，也一定会涉及对应账户的借方变动，金额也相等。

【例 2-2-4】 华远公司用现金 5 000 元购买了一台电脑（不考虑税费），该业务分析如下：

（1）库存现金减少了 5 000 元。“库存现金”是资产类账户，减少应登记在贷方。

（2）固定资产中的电脑增加了一台，价值 5 000 元。“固定资产”是资产类账户，增加应登记在借方。

登记“T”形账户如图 2-2-14 所示。

图 2-2-14 “库存现金”和“固定资产”账户的“T”形账

可以看出，“固定资产”账户借方变动的同时，有对应账户“库存现金”贷方发生变动，变动金额相等，都是 5 000 元，符合“有借必有贷，借贷必相等”的记账规则。

【例 2-2-5】 华远公司买了一批材料，已经验收入库，买价是 3 000 元（不考虑税费），用银行存款支付了 1 000 元，余款 2 000 元暂欠。该交易应如何进行会计记录呢？

（1）购买了材料，使原材料增加了 3 000 元。“原材料”是资产类账户，增加应记录在“借方”。

（2）用银行存款支付，使银行存款减少了 1 000 元。“银行存款”是资产类账户，减少应记录在“贷方”。

（3）余款暂欠，使得应付账款增加了 2 000 元。“应付账款”是负债类科目，增加应记录在“贷方”。

登记“T”形账户如图 2-2-15 所示。

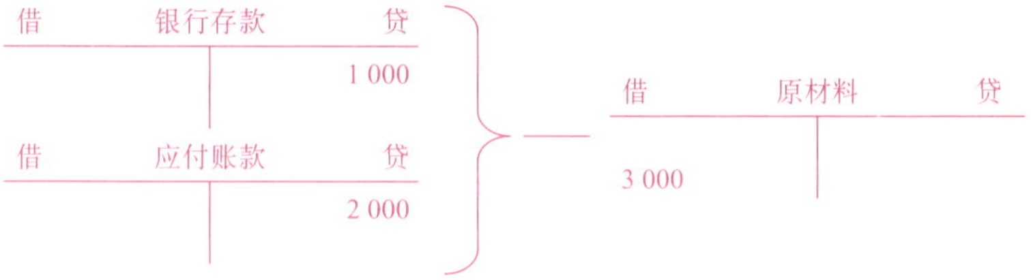

图 2-2-15 “T”形账户的登记

可以看出，“原材料”账户借方变动 3 000 元的同时，对应账户“银行存款”和“应付账款”贷方发生变动，变动金额相等，也是 3 000 元（1 000 + 2 000），符合“有借必有贷，借贷必相等”的记账规则。

（四）会计分录

“T”形账户可以很直观地看出每一个账户的增减变化情况。在实际工作中，每天会发生许多交易、事项，要想清楚地了解每笔交易、事项的来龙去脉和账户之间的对应关系，我们应先将它们记录在凭证上面，而凭证的核心就是会计分录。那什么是会计分录呢?

“会计分录”是对每项经济业务列示出应借、应贷的账户名称及其金额的一种记录，包括三个部分内容：账户名称、记账方向（借或贷）、记录的金额。

【例2-2-4】和【例2-2-5】两个业务编写的会计分录如下：

(1) 借：固定资产	5 000	
贷：库存现金		5 000
(2) 借：原材料	3 000	
贷：银行存款		1 000
应付账款		2 000

会计分录有简单分录和复合分录之分，只涉及两个会计科目的，称为“简单会计分录”，如（1）中的分录；涉及两个以上会计科目的，称为“复合会计分录”，即一借多贷、一贷多借、多借多贷，如（2）中的分录。复合分录可以分解成简单分录。

扫一扫

编制会计分录的方法

在会计分录中，借贷双方会计账户相互之间有一定的对应关系，这种关系就称为“账户间的对应关系”，有对应关系的账户称为“对应账户”。

我们在编制会计分录时，一般要经过以下步骤：

1. 找账户。分析发生的业务会涉及哪些会计账户，并判断它们属于哪一类账户（资产类、负债类、所有者权益类、成本费用类和收入类）?

2. 定方向。判断账户的增减变动情况，确定应记录在“借方”或是“贷方”?

3. 定金额。确定应计入账户的金额是多少?

4. 编分录。分录采用上述的记录形式，先写“借方”科目，再写“贷方”科目，借和贷要错开两个字的距离。

5. 用规则。检查编制的会计分录是否符合“有借必有贷，借贷必相等”的记账规则。

任务实施

1.（多选题）会计分录是列示每项经济业务的记录，包括如下内容（　　）。

A. 记账方向（借或贷）　　B. 账户名称

C. 业务的内容　　D. 发生的金额

2.（判断题）复式记账法要以资产与权益的平衡关系作为记账基础，对于每笔交易或事项，都要在两个或两个以上的账户中进行登记。（　　）

3.（业务题）华远公司7月初有关总分类账的余额如下：

(1) 库存现金　300元

(2) 银行存款　200 000元

(3) 原材料　4 800元

(4) 固定资产　160 000元

（5）生产成本 15 000 元
（6）短期借款 20 000 元
（7）实收资本 300 000 元
（8）应付账款 60 000 元

7 月份，华远公司发生如下经济业务：

（1）收到投资者投入的货币资金投资 20 万元，已存入银行。

（2）用银行存款 4 万元购入不需要安装设备一台。

（3）购入材料一批，买家和运杂费共计 1.5 万元（不考虑税费），已验收入库，货款尚未支付。

（4）从银行提取现金 2 000 元备用。

（5）借入短期借款 2 万元，已存入银行。

（6）用银行存款 35 000 元偿还应付账款。

（7）生产产品领用原材料一批，价值 1.2 万元。

（8）用银行存款 3 万元偿还短期借款。

要求：（1）根据以上经济业务编制会计分录。

（2）根据月初余额资料的账户开设并登记有关总分类账户（开设“T”形账户即可）。

项目三 会计实战演练——借贷记账法的应用

【项目分析】本项目主要是应用借贷记账法对企业发生的实际经济业务进行会计核算，让学生对制造业企业经济业务进行会计核算实战演练。

任务一 筹集资金业务核算

任务描述

企业进行生产经营活动需要原材料、机器设备、房屋、办公用品等资产，而这些资产的购入都是需要资金的。那么企业所需资金主要从哪里来呢？当企业筹集到这些资金又该如何核算呢？

知识准备

一、资金筹集业务会计核算的主要内容

企业生产经营所需资金主要有两大渠道，一是企业的所有者投入企业的资本，形成了企

业的所有者权益；二是企业向债权人借入的资金，形成了企业的负债。对这两个渠道所获资金的核算就是企业筹集资金会计核算的主要内容（见图 2－3－1）。

图 2－3－1

二、投入资本的核算

广州华远塑料制品有限公司 20×6 年 12 月发生部分经济业务如下：

【例 2－3－1】 12 月 1 日，某投资者向公司投资 50 万元，款项已存入银行。

分析：投资者将资本投入公司，公司“银行存款”增加，同时实际收到的资本也增加，即“实收资本”增加。做会计分录如下：

借：银行存款　　500 000
　　贷：实收资本　　500 000

【例 2－3－2】 12 月 10 日，公司收到投资人投入的设备一台，价值 20 万元。

分析：投资者将设备投入公司，设备属于固定资产，那么公司“固定资产”增加，同时实际收到的资本也增加，即“实收资本”增加。做会计分录如下：

借：固定资产　　200 000
　　贷：实收资本　　200 000

【例 2－3－3】 12 月 16 日，公司收到投资人投入的原材料聚乙烯一批，价值 15 万元。

分析：投资者将材料投入公司，那么公司“原材料”增加，同时实际收到的资本也增加，即“实收资本”增加。做会计分录如下：

借：原材料　　150 000
　　贷：实收资本　　150 000

相关链接

实收资本是指企业按照章程规定或合同、协议约定，接受投资者投入企业的资本。有限责任公司通过“实收资本”科目，股份有限公司通过“股本”科目核算投资者投入资本的增减变动情况。

投资者投入企业的资本，按照资本保全原则，不得随意抽走资本，可供企业长期使用。

三、借入资金的核算

【例 2－3－4】 12 月 2 日，公司从开户银行取得为期 6 个月的借款 10 万元，款项已存入银行。

分析：开户银行将款项转入公司银行存款账户，那么公司"银行存款"增加，同时负债也增加，期限在1年之内（含1年）的借款都是短期的，所以"短期借款"增加。做会计分录如下：

借：银行存款　　100 000

　　贷：短期借款　　100 000

【例2-3-5】 12月31日，公司预提本月短期借款利息1 300元。

分析：银行将款项借给公司当然要收利息，短期借款利息一律归属财务费用。如果当月利息当月不付，那么就要按照权责发生制计提当月利息，这样公司本月的"财务费用"增加，同时由于利息未付，"应付利息"这项负债也增加。做会计分录如下：

借：财务费用　　1 300

　　贷：应付利息　　1 300

【例2-3-6】 12月31日，公司支付已预提的本季度短期借款利息3 900元。

分析：已计提完的利息支付了，公司的"应付利息"负债就减少了，相应的"银行存款"也减少了。做会计分录如下：

借：应付利息　　3 900

　　贷：银行存款　　3 900

【例2-3-7】 12月31日，公司从开户银行取得期限为1年的借款20万元，款项已存入银行。

分析：开户银行将款项转入公司银行存款账户，那么公司"银行存款"增加，同时负债也增加，期限在1年之内（含1年）的借款都是短期的，所以"短期借款"增加。做会计分录如下：

借：银行存款　　200 000

　　贷：短期借款　　200 000

【例2-3-8】 12月31日，公司从开户银行取得期限3年的借款50万元，款项已存入银行。

分析：公司借入期限在1年以上（不含1年）的借款，都是长期的，所以"长期借款"增加，同时借入的资金转入银行账户，则"银行存款"也增加。做会计分录如下：

借：银行存款　　500 000

　　贷：长期借款　　500 000

相关链接

银行借款按借款期限长短可分为短期借款和长期借款。短期借款是指借款期限在1年之内（包含1年）的借款。对于短期借款利息，企业一般采用月末预提的方式，在资产负债表日按计算确定的短期借款利息费用，借记"财务费用"，贷记"应付利息"。实际支付利息时，根据已经预提的利息，借记"应付利息"科目，贷记"银行存款"科目。

任务实施

诚泰有限责任公司 20×6 年 12 月部分经济业务如下：

1. 12 月 2 日，收到投资人投入的机床一台，价值 16 万元。
2. 12 月 16 日，从开户银行取得为期 1 年的借款 20 万元，款项已存入银行。
3. 12 月 31 日，预提本月短期借款利息 1 000 元。
4. 12 月 31 日，支付本季度短期借款利息 3 000 元。

要求：根据以上资料，进行业务处理，编制会计分录。

任务二　生产准备业务会计核算

任务描述

企业筹集到资金，就要开始准备生产产品，那么就需要采购材料，为生产储备物资。生产准备过程是生产经营过程的首要阶段。

知识准备

一、生产准备业务会计核算的主要内容

生产准备业务会计核算的主要内容是：采购所需原料物资、计算确定材料采购成本、与供应商结算价税款等（见图 2－3－2）。

图 2－3－2

二、材料采购业务的核算

广州华远塑料制品有限公司 20×6 年 12 月发生部分经济业务如下：

【例2-3-9】 12月2日，公司购入生产所需聚乙烯材料5万千克，单价6元，增值税专用发票注明价款30万元，增值税51 000元，开出转账支票支付价税款，材料尚未入库。

分析：公司购入原材料尚未入库，属于“在途物资”增加，产生的增值税进项税额可以抵扣，“应交税费”减少，同时购料款已通过转账支票支付，“银行存款”减少。做会计分录如下：

借：在途物资——聚乙烯　　300 000
　　应交税费——应交增值税（进项税额）　　51 000
　　贷：银行存款　　351 000

【例2-3-10】 12月8日，上述聚乙烯到达企业，验收入库。

分析：原材料到达企业，验收入库，“在途物资”减少，“原材料”增加。做会计分录如下：

借：原材料——聚乙烯　　300 000
　　贷：在途物资——聚乙烯　　300 000

【例2-3-11】 12月21日，公司购入生产所需聚丙烯2万千克，单价12元，增值税专用发票注明价款24万元，增值税40 800元，价税款尚未支付，材料已经到达企业，验收入库。

分析：公司购入原材料已经入库，则“原材料”增加，产生的增值税进项税额可以抵扣，“应交税费”减少，同时款项未付，负债“应付账款”增加。做会计分录如下：

借：原材料——聚丙烯　　240 000
　　应交税费——应交增值税（进项税额）　　40 800
　　贷：应付账款　　280 800

【例2-3-12】 4月23日，公司开出转账支票支付前欠聚丙烯价税款280 800元。

分析：公司开出转账支票，也就是通过银行付款，所以“银行存款”减少，欠款已经清偿，负债“应付账款”减少。做会计分录如下：

借：应付账款　　280 800
　　贷：银行存款　　280 800

相关链接

企业根据税法规定应缴纳的各种税费包括：增值税、消费税、城市维护建设税、资源税、所得税、土地增值税、房产税、车船税、土地使用税、教育费附加、印花税等。企业应通过“应交税费”科目总括反映各种税费的缴纳情况，并按照应交税费的种类进行明细核算。

增值税是以商品（含应税劳务）在流转过程中产生的增值额作为计税依据而征收的一种流转税。增值税的收入占中国全部税收的60%以上，是我国最大的税种。增值税由国家税务局负责征收，税收收入中75%为中央财政收入，25%为地方财政收入。进口环节的增值税由海关负责征收，税收收入全部为中央财政收入。

增值税实行凭增值税专用发票抵扣税款的制度，《中华人民共和国增值税暂行条例》将纳税人按其经营规模大小以及会计核算是否健全划分为一般纳税人和小规模纳税人。

一般纳税企业从国内采购商品或接受应税劳务等，根据增值税专用发票上注明的增值税额记入“应交税费——应交增值税（进项税额）”账户，销售货物或提供应税劳务及视同销售行为，根据增值税专用发票上注明的增值税税额记入“应交税费——应交增值税（销项税额）”账户。

小规模纳税企业在一般情况下只能开具增值税普通发票，不能开具增值税专用发票。小规模纳税企业销售货物或提供应税劳务，实行简易办法计算应纳增值税税额。小规模纳税企业购入货物无论是否具有增值税专用发票，其支付的增值税税款均不计入进项税额，不得由销项税额抵扣，而应计入购入货物的成本。

任务实施

诚泰有限责任公司 20×6 年 12 月发生部分经济业务如下：

1. 12 月 3 日，购入生产所需甲材料，增值税专用发票注明价款 5 万元，增值税 8 500 元，开出转账支票支付价税款，材料尚未入库。

2. 12 月 6 日，上述材料到达企业，验收入库。

3. 12 月 22 日，购入生产所需乙材料，增值税专用发票注明价款 10 万元，增值税 17 000 元；以银行存款支付运费 2 000 元，增值税 220 元。材料价税款尚未支付，材料已经到达企业并验收入库。

要求：根据以上资料，逐题进行业务处理，编制会计分录。

任务三　产品生产业务会计核算

任务描述

有了原料，企业就要着手生产社会需要的产品，这也是企业的基本任务。为了生产产品，企业必然会发生材料的消耗、固定资产的磨损、向职工支付职工薪酬等各种耗费，这些为生产产品而发生的生产耗费就应该归集到各种产品的生产成本中，形成产品成本。生产过程是工业企业生产经营过程的中心环节。

知识准备

一、产品生产业务会计核算的主要内容

产品生产业务会计核算的主要内容是：归集和分配产品制造过程中发生的材料费用、人工费用、间接的制造费用；计算各种产品的生产成本；结转完工入库产品成本；计提固定资产折旧；同时还会有一些办公费、差旅费、水电费等核算（见图 2－3－3）。

二、产品生产业务的会计核算

广州华远塑料制品有限公司 20×6 年 12 月发生部分经济业务如下：

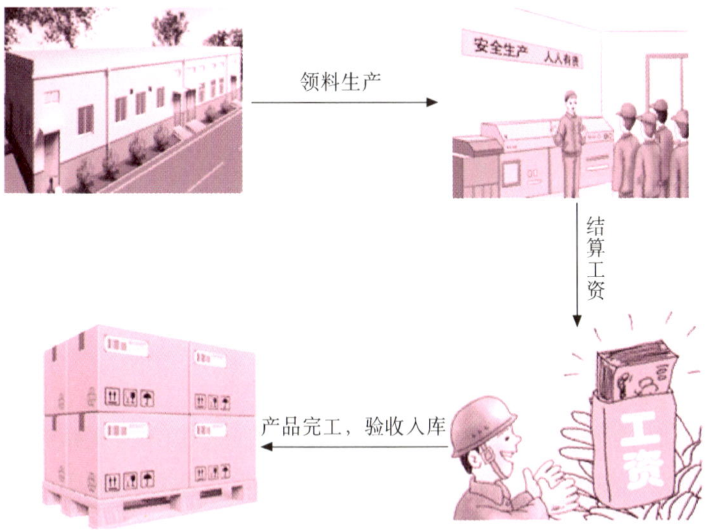

图 2－3－3

【例 2－3－13】 12 月 4 日，公司本月领用聚乙烯 16 万元，其中，为生产塑料筐领用 8 万元，为生产塑料桶领用 6 万元，车间一般消耗领用 19 000 元，行政部门领用 1 000 元。

分析：公司领用原材料，"原材料"减少，生产产品直接消耗领用的原材料，使产品的"生产成本"增加；车间一般消耗领用的原材料，使"制造费用"增加；行政部门消耗领用的原材料，使"管理费用"增加。做会计分录如下：

借：生产成本——基本生产成本（塑料筐） 80 000
　　　　　　——基本生产成本（塑料桶） 60 000
　　制造费用 19 000
　　管理费用 1 000
　　贷：原材料——聚乙烯 160 000

【例 2－3－14】 5 月 11 日，公司本月领用聚丙烯 9 万元，其中，为生产塑料筐领用 7 万元，车间一般消耗领用 11 000 元，销售部门领用 2 000 元。

分析：公司领用原材料，"原材料"减少，生产产品直接消耗领用的原材料，使产品"生产成本"增加；车间一般消耗领用的原材料，使"制造费用"增加；销售部门消耗领用的原材料，使"销售费用"增加。做会计分录如下：

借：生产成本——基本生产成本（塑料筐） 70 000
　　制造费用 11 000
　　销售费用 2 000
　　贷：原材料——聚丙烯 83 000

【例 2－3－15】 12 月 14 日，公司开出转账支票，购买行政部门用办公用品 2 400 元。

分析：公司开出支票，"银行存款"减少，购买办公用品使"管理费用"增加。做会计分录如下：

借：管理费用 2 400
　　贷：银行存款 2 400

【例 2－3－16】 12 月 16 日，公司经理吴刚出差，预借差旅费 3 000 元，以现金给付。

分析： 预借差旅费属于暂借款，所以“其他应收款”增加，以现金给付使“库存现金”减少。做会计分录如下：

借：其他应收款——吴刚　　3 000

　　贷：库存现金　　3 000

【例 2-3-17】 12 月 18 日，吴刚出差归来，报销差旅费 2 800 元，剩余款退回。

分析： 报销的差旅费属于企业的期间费用，所以“管理费用”增加，剩余款退回现金，“库存现金”增加。做会计分录如下：

借：管理费用　　2 800

　　库存现金　　200

　　贷：其他应收款——吴刚　　3 000

【例 2-3-18】 12 月 20 日，公司通过网银支付行政部门本月水电费 3 600.8 元。

分析： 行政部门水电费消耗增加，属于“管理费用”增加，款已付，则“银行存款”减少。做会计分录如下：

借：管理费用　　3 600.8

　　贷：银行存款　　3 600.8

【例 2-3-19】 12 月 20 日，公司以银行存款支付本月职工工资 320 700 元。

分析： 支付职工工资，负债减少，即“应付职工薪酬”减少，同时“银行存款”减少。做会计分录如下：

借：应付职工薪酬——工资　　320 700

　　贷：银行存款　　320 700

【例 2-3-20】 12 月 31 日，分配本月职工工资。本月应付职工工资 320 700 元，其中，生产塑料筐工人工资 135 000 元，生产塑料桶工人工资 108 000 元，车间管理人员工资 26 700 元，行政管理人员工资 21 000 元，销售人员工资 30 000 元。

分析： 生产产品的工人工资属于直接消耗，会使产品“生产成本”增加；车间管理人员工资属于间接消耗，使“制造费用”增加；行政管理人员工资使“管理费用”增加，销售人员工资使“销售费用”增加，同时“应付职工薪酬”增加。做会计分录如下：

借：生产成本——基本生产成本（塑料筐）　　135 000

　　　　　　——基本生产成本（塑料桶）　　108 000

　　制造费用　　26 700

　　管理费用　　21 000

　　销售费用　　30 000

　　贷：应付职工薪酬——工资　　320 700

【例 2-3-21】 12 月 31 日，计提本月固定资产折旧 36 800 元，其中，车间折旧 24 500 元，行政管理部门折旧 5 700 元，销售部门折旧 3 600 元。

分析： 车间固定资产折旧属于间接消耗，则“制造费用”增加；行政管理固定资产折旧使“管理费用”增加；销售部门固定资产折旧使“销售费用”增加。同时，计提累计折旧，使“累计折旧”增加。做会计分录如下：

借：制造费用　　24 500

　　管理费用　　5 700

销售费用　　3 600

贷：累计折旧　　33 800

【例2-3-22】 12月31日，结转本月制造费用81 200元，其中，塑料筐41 200元，塑料桶4万元。

分析：将制造费用转走，则“制造费用”减少；制造费用月末将转入生产成本，所以“生产成本”增加。做会计分录如下：

借：生产成本——塑料筐　　41 200

——塑料桶　　40 000

贷：制造费用　　81 200

【例2-3-23】 12月31日，结转本月完工产品成本524 200元，其中，塑料筐成本326 200元（全部完工），塑料桶成本198 000元（还有1万元在产品）。

分析：产品已经完工则“库存商品”增加；同时，产品生产成本已被转走，所以“生产成本”减少。做会计分录如下：

借：库存商品——塑料筐　　326 200

——塑料桶　　198 000

贷：生产成本——基本生产成本（塑料筐）　　326 200

——基本生产成本（塑料桶）　　198 000

任务实施

诚泰有限责任公司20×6年12月部分经济业务如下：

1. 12月5日，车间领用甲材料2万元，其中，A产品使用8 000元，B产品使用9 000元，车间一般消耗3 000元。

2. 12月7日，车间领用乙材料3万元，其中，A产品使用15 000元，B产品使用14 000元，车间一般消耗1 000元；另外，行政部门领用乙材料1 600元。

3. 12月12日，财务科刘某出差，预借差旅费4 000元。

4. 12月14日，以现金支付车间办公费800元。

5. 12月16日，财务科刘某出差回来，报销差旅费4 216元，以现金补付不足款项。

6. 12月20日，以银行存款支付员工工资287 000元。

7. 12月25日，以银行存款支付常设销售机构房屋当月租金3 000元。

8. 12月31日，计提本月固定资产折旧4 700元，其中，车间折旧3 600元，行政管理部门折旧600元，销售部门折旧500元。

9. 12月31日，分配本月职工工资。本月应付职工工资291 500元，其中，车间生产工人工资200 500元，车间管理人员工资22 000元，行政管理人员工资25 000元，销售人员工资44 000元。

10. 12月31日，结转本月制造费用30 400元，按产品工时进行分配，其中，A产品4 400工时，B产品5 600工时。

11. 12月31日，结转本月完工产品成本36万元，按产品工时进行分配。

要求：根据以上资料，进行业务处理，编制会计分录。

任务四　产品销售业务会计核算

任务描述

企业生产完产品，就要努力地把产品销售出去，取得收入，补偿生产过程中所发生的材料、人工等耗费，同时也满足社会需要，实现企业的盈利目标。销售过程是工业企业生产经营过程的最后阶段。

知识准备

一、产品销售业务会计核算的主要内容

产品销售业务会计核算的主要内容是：确认销售的产品、商品的销售收入；与客户办理价税款的结算；计算并结转产品、商品的销售成本；支付各项因销售而产生的销售费用等（见图 2－3－4）。

图 2－3－4

二、主营业务收入的会计核算

广州华远塑料制品有限公司 20×6 年 12 月发生部分经济业务如下：

【例 2－3－24】 12 月 9 日，公司销售塑料桶 5 000 件，增值税专用发票注明价款 100 万元，增值税税款 17 万元，款项尚未收到。

分析：公司销售产品，这是公司的主营业务，形成收入，就是“主营业务收入”增加；销售产生增值税销项税额，“应交税费”增加；同时款项尚未收到，形成债权，“应收账款”增加。做会计分录如下：

借：应收账款　　1 170 000
　　贷：主营业务收入——塑料桶　　1 000 000
　　　　应交税费——应交增值税（销项税额）　　170 000

【例 2－3－25】 12 月 9 日，公司销售塑料筐 6 000 件，增值税专用发票注明价款 60 万元，税款 10.2 万元，款项已经收到。

分析：公司销售产品，这是公司的主营业务，形成收入，就是“主营业务收入”增加；销售产生增值税销项税额，“应交税费”增加；同时款项已收到，“银行存款”增加。做会计分录如下：

借：银行存款　　702 000
　　贷：主营业务收入——塑料筐　　600 000
　　　　应交税费——应交增值税（销项税额）　　102 000

三、主营业务成本的会计核算

【例 2－3－26】 12 月 31 日，结转销售本月销售塑料筐 6 000 件的生产成本，塑料筐单位生产成本为 60 元。

分析：产品出售则“库存商品”减少，同时产品生产成本已被转入“主营业务成本”，所以“主营业务成本”增加。做会计分录如下：

借：主营业务成本——塑料筐　　360 000
　　贷：库存商品——塑料筐　　360 000

【例 2－3－27】 6 月 30 日，结转销售本月销售塑料桶 5 000 件的生产成本，塑料桶单位生产成本为 140 元。

分析：产品出售则“库存商品”减少，同时产品生产成本已被转入“主营业务成本”，所以“主营业务成本”增加。做会计分录如下：

借：主营业务成本——塑料桶　　700 000
　　贷：库存商品——塑料桶　　700 000

四、销售费用的会计核算

【例 2－3－28】 12 月 15 日，开出转账支票，支付广告费 2 万元。

分析：广告费是为产品销售而发生的，所以“销售费用”增加；同时开出转账支票，则“银行存款”减少。做会计分录如下：

借：销售费用　　20 000
　　贷：银行存款　　20 000

【例 2－3－29】 12 月 16 日，以现金支付销售塑料筐的运输费 800 元。

分析：销售产品发生的运输费，如果由销售方承担，则计入销售企业的销售费用，所以“销售费用”增加；同时支付现金，则“库存现金”减少。做会计分录如下：

借：销售费用　　800
　　贷：库存现金　　800

【例 2－3－30】 12 月 16 日，销售部购入办公用品，以银行存款支付 2 000 元。

分析：销售部门发生的费用，应计入企业的销售费用，所以“销售费用”增加；同时支付银行存款，则“银行存款”减少。做会计分录如下：

借：销售费用　　2 000

　　贷：银行存款　　2 000

【例 2－3－31】 12 月 21 日，以银行存款支付销售塑料桶支付的保险费 3 000 元。

分析：销售产品发生的保险费，如果由销售方承担，则计入销售企业的销售费用，所以“销售费用”增加；同时支付银行存款，则“银行存款”减少。做会计分录如下：

借：销售费用　　3 000

　　贷：银行存款　　3 000

相关链接

收入是指企业在日常活动中形成的，会导致所有者权益增加的，与所有者投入资本无关的经济利益的总流入。按照企业从事日常活动的性质不同，可分为销售商品收入、提供劳务收入和让渡资产使用权收入；按照企业经营业务的主次分类，可以分为主营业务收入和其他业务收入。

营业成本是企业为生产产品、提供劳务等发生的可归属于产品成本、劳务成本等的费用，包括主营业务成本和其他业务成本，在确认收入时，将已销售商品、已提供劳务的成本等计入当期损益。

主营业务成本是指销售商品、提供劳务等经常性活动所发生的成本。

其他业务成本是指除主营业务活动以外的其他经营活动所发生的支出，如销售材料的成本，随同产品出售、单独计价的包装物成本等。

任务实施

诚泰有限责任公司 20×6 年 12 月发生部分经济业务如下：

1. 12 月 4 日，公司销售 A 产品，增值税专用发票注明价款 50 万元，税款 85 000 元，收到对方开来的转账支票一张。
2. 12 月 9 日，以银行存款支付广告费 36 000 元。
3. 12 月 13 日，公司销售 B 产品，增值税专用发票注明价款 40 万元，税款 68 000 元，价税款尚未收到。
4. 12 月 18 日，以现金支付销售 A 产品的装卸费 900 元。
5. 12 月 31 日，结转销售本月已售产品成本 64 万元，其中，A 产品成本为 31 万元，B 产品成本为 33 万元。

任务五　利润的形成及分配会计核算

任务描述

企业在一定时期内生产经营活动的财务成果，表现为实现的利润或发生的亏损。

知识准备

一、利润的形成及分配会计核算的主要内容

利润的形成及分配会计核算的主要内容是：计算营业利润、利润总额和净利润；其他经营业务形成的收入和成本；利得的核算；损失的核算；营业活动中税金及附加的核算；结转损益类收入费用；计提盈余公积；向投资者分配现金股利等（见图 2－3－5）。

图 2－3－5

二、利润的构成及计算

企业的利润主要由营业利润、利润总额和净利润组成。

营业利润＝主营业务收入＋其他业务收入＋（－）投资损益－主营业务成本－其他业务成本－税金及附加－销售费用－管理费用－财务费用－资产减值损失

利润总额＝营业利润＋营业外收入－营业外支出

净利润＝利润总额－所得税费用

三、利润形成的核算

广州华远塑料制品有限公司 20×6 年 12 月发生部分经济业务如下：

【例 2－3－32】 12 月 6 日，公司销售聚乙烯 200 千克，单价 8 元，增值税专用发票注明价款 1 600 元，税款 272 元，款项已经收到。

分析：公司销售材料、出租设备等业务都是公司的其他经营业务，不属于主营业务，形成的收入就是“其他业务收入”增加，销售产生增值税销项税额，“应交税费”增加，同时款项已收到，“银行存款”增加。做会计分录如下：

借：银行存款	1 872	
贷：其他业务收入——聚乙烯		1 600
应交税费——应交增值税（销项税额）		272

【例 2－3－33】 12 月 9 日，公司销售聚丙烯 500 千克，单价 14 元，增值税专用发票注

明价款 7 000 元，税款 1 190 元，款项尚未收到。

分析：公司销售材料、出租设备等业务都是公司的其他经营业务，不属于主营业务，形成的收入就是“其他业务收入”增加，销售产生增值税销项税额，“应交税费”增加，同时款项未收到，则债权“应收账款”增加。做会计分录如下：

借：应收账款　　8 190
　　贷：其他业务收入——聚丙烯　　7 000
　　　　应交税费——应交增值税（销项税额）　　1 190

【例 2－3－34】 12 月 12 日，公司收到客户的违约罚款 51 280 元存入银行存款账户。

分析：客户的违约罚款、接受捐赠等都是公司非日常活动所发生的利得，不属于营业活动，形成的收入就是“营业外收入”增加，同时款项存入银行账户，则“银行存款”增加。做会计分录如下：

借：银行存款　　51 280
　　贷：营业外收入　　51 280

【例 2－3－35】 12 月 14 日，公司开出转账支票，通过政府有关部门向地震灾区捐款 10 万元。

分析：对外捐赠、自然灾害造成的损失等都是公司非日常活动所发生的损失，不属于营业活动，形成的就是“营业外支出”增加，同时因开出转账支票，则“银行存款”减少。做会计分录如下：

借：营业外支出　　100 000
　　贷：银行存款　　100 000

【例 2－3－36】 12 月 31 日，结转本月已售材料成本，聚乙烯成本 1 200 元，聚丙烯成本 6 000 元。

分析：材料出售则“原材料”减少；材料出售时形成其他业务收入，所以成本就应该转入其他业务成本，所以“其他业务成本”增加。做会计分录如下：

借：其他业务成本——聚乙烯　　1 200
　　　　　　　　——聚丙烯　　6 000
　　贷：原材料——聚乙烯　　1 200
　　　　　　　——聚丙烯　　6 000

【例 2－3－37】 12 月 31 日，公司根据本月应交的增值税，按 7% 的税率计算应交城市维护建设税 12 716. 34 元。

分析：城市维护建设税应该按当期应交的增值税和消费税之和乘以规定税率计算。计算的城建税尚未缴纳，所以“应交税费”增加；同时，城建税属于企业的税金及附加，所以“税金及附加”也增加。

借：税金及附加　　12 716. 34
　　贷：应交税费——应交城市维护建设税　　12 716. 34

【例 2－3－38】 12 月 31 日，公司根据本月应交的增值税，按 3% 的税率计算应交教育费附加 5 449. 86 元。

分析：教育费附加应该按当期应交的增值税和消费税之和乘以规定税率计算。计算的教育费附加尚未缴纳，所以“应交税费”增加；同时，教育费附加属于企业的税金及附加，所以“税金及附加”也增加。做会计分录如下：

借：税金及附加　　5 449.86

　　贷：应交税费——应交教育费附加　　5 449.86

【例 2－3－39】 12 月 31 日，公司通过网银支付本月应交的城市维护建设税 12 716.34 元和应交教育费附加 5 449.86 元。

分析：应缴纳的各种税费已经缴纳，所以负债“应交税费”减少；同时“银行存款”也减少。做会计分录如下：

借：应交税费——应交城市维护建设税　　12 716.34

　　　　　　——应交教育费附加　　5 449.86

　　贷：银行存款　　18 166.20

【例 2－3－40】 12 月 31 日，公司结转损益类账户，其中，主营业务收入 160 万元，其他业务收入 8 600 元，营业外收入 51 280 元，主营业务成本 106 万元，其他业务成本 7 200 元，税金及附加 18 166.2 元，销售费用 61 400 元，管理费用 36 500.8 元，财务费用 1 300 元，营业外支出 10 万元。

分析：期末，所有损益类账户应转入“本年利润”，由于收入和费用性质不一样，所以要分别结转。结转收入，所以各种收入减少，收入越多，利润越多，所以“本年利润”增加；结转费用，所以各种费用减少，费用越多，利润越少，所以“本年利润”减少。做会计分录如下：

借：主营业务收入　　1 600 000

　　其他业务收入　　8 600

　　营业外收入　　51 280

　　贷：本年利润　　1 659 880

借：本年利润　　1 284 567

　　贷：主营业务成本　　1 060 000

　　　　其他业务成本　　7 200

　　　　税金及附加　　18 166.2

　　　　销售费用　　61 400

　　　　管理费用　　36 500.8

　　　　财务费用　　1 300

　　　　营业外支出　　100 000

想一想

华远公司 12 月份的利润总额是多少？

【例 2－3－41】 12 月 31 日，公司计算并结转当月所得税 93 828.25 元。

分析：计算的所得税尚未缴纳，所以“应交税费”增加；同时所得税属于企业的费用，所以“所得税费用”也增加；由于所得税属于企业的费用，所以期末也要和其他费用一样结转给本年利润，所以“所得税费用”减少，“本年利润”也减少。做会计分录如下：

借：所得税费用　　93 828.25

贷：应交税费——应交所得税 93 828.25

借：本年利润 93 828.25

贷：所得税费用 93 828.25

想一想

华远公司 12 月份净利润又是多少？

【例 2-3-42】 12 月 31 日，结转全年实现的净利润 300 万元。

分析：全年净利润年末要进行分配，要转入利润分配，所以“本年利润”减少，而“利润分配”增加。做会计分录如下：

借：本年利润 3 000 000

贷：利润分配——未分配利润 3 000 000

扫一扫

利润的分配

利润分配是指企业根据法律，董事会或类似权力机构提请股东大会或类似权力机构批准的，对企业可供分配利润指定其特定用途和分配给投资者的行为。利润分配的过程和结果不仅关系到每个股东的合法权益是否得到保障，而且还关系到企业的未来发展。

会计期末，企业应将实现的净利润转入“利润分配”科目，即借记“本年利润”科目，贷记“利润分配——未分配利润”科目。企业如为亏损，则做相反会计分录。“利润分配——未分配利润”明细科目余额表示历年累积的未分配利润或未弥补的亏损。在资产负债表日后，企业应根据批准的利润分配方案进行分配或弥补亏损。

按照税法规定，企业可以用以后年度实现的利润或净利润弥补以前年度亏损。税法规定，5 年内弥补亏损的，可以用实现的税前利润弥补亏损，即税前补亏；5 年后则使用净利润弥补亏损，即税后补亏。在用未分配利润弥补亏损时，不需编写会计分录。

企业实现的净利润，应按照国家的规定和投资者的决议进行合理的分配，即首先应弥补以前年度尚未弥补的亏损，对于剩余部分，应按照下列顺序进行分配：

第一，提取盈余公积。提取盈余公积分为提取法定盈余公积和提取任意盈余公积。法定盈余公积应按照本年度实现利润的一定比例提取。《公司法》规定，公司制企业按净利润的 10% 提取，其他企业可以根据需要确定提取比例，但不得低于 10%。企业提取的法定盈余公积累计超过注册资本 50% 以上的，可以不再提取。此外，公司制企业经股东大会决议后，可从税后利润中提取任意盈余公积；非公司制企业经类似权力机构批准后，也可以提取任意盈余公积。

第二，向投资者分配利润（或股利）。企业实现的净利润在提取盈余公积后，再加上年初未分配利润和其他转入的金额（如盈余公积弥补亏损等），形成可供分配的利润，用公式表示为：

年度终了，企业应将“利润分配”科目所属其他明细科目的余额转入本科目“未分配利润”明细科目，即借记“利润分配——未分配利润”“利润分配——盈余公积补亏”

等科目，贷记“利润分配——提取法定盈余公积”“利润分配——提取任意盈余公积”“利润分配——应付现金股利”“利润分配——转作股本股利”等科目。

结转后，“利润分配”科目中除“未分配利润”明细科目外，所属其他明细科目无余额。“未分配利润”明细科目的贷方余额表示累积未分配利润，该账户如果出现借方余额，则表示累积未弥补的亏损。

【例 2-3-43】 12 月 31 日，根据当年净利润的 10% 计提法定盈余公积 30 万元。

分析：净利润年末分配时，要按照有关法律规定的利润分配顺序进行分配，计提盈余公积，所以“盈余公积”增加，而“利润分配”减少。做会计分录如下：

借：利润分配——计提法定盈余公积　　300 000

　　贷：盈余公积——法定盈余公积　　300 000

【例 2-3-44】 12 月 31 日，经股东大会批准，公司决定向投资者分配现金利润 50 万元。

分析：决定向投资者分配现金利润，所以“利润分配”减少，而此利润尚未支付，所以负债“应付股利”增加。做会计分录如下：

借：利润分配——应付现金股利　　500 000

　　贷：应付股利　　500 000

任务实施

诚泰有限责任公司 20×6 年 12 月发生部分经济业务如下：

1. 12 月 1 日，将多余的甲材料出售，增值税专用发票注明价款 14 000 元，税款 2 380 元，款项已收到。
2. 12 月 6 日，收到侨商捐赠的款项 10 万元，存入银行。
3. 12 月 12 日，开出转账支票通过政府有关部门向当地希望小学捐款 20 万元。
4. 12 月 31 日，结转本月已售甲材料成本 1 万元。
5. 12 月 31 日，结转损益类账户，其中，主营业务收入 90 万元，其他业务收入 14 000 元，营业外收入 10 万元；主营业务成本 64 万元，其他业务成本 1 万元，销售费用 84 400 元，管理费用 31 416 元，财务费用 1 000 元，营业外支出 20 万元。
6. 12 月 31 日，计算并结转当月应交所得税 11 796 元。
7. 12 月 31 日，结转全年实现的净利润 69 万元。
8. 12 月 31 日，根据当年净利润的 10% 计提法定盈余公积 69 000 元。
9. 12 月 31 日，经股东大会决定，公司决定向投资者分配现金利润 30 万元。

模块三
会计工作流程

李芳通过前段时间的学习，对“会计基础”这门课程有了一个初步的了解。那么，怎样把在实际工作中的经济业务，用她所学的会计知识真实、完整、及时地反映出来呢？这就需要她更进一步地学习凭证、账簿、报表。让这三个内容有机地结合起来，才能真实、完整、及时地反映经济业务的全貌。

学习目标

◆ 知识目标

□ 识别、填制、整理、传递与保管会计凭证

□ 认知、建立、登记账簿

□ 了解对账、结账、财产清查

□ 认知、了解财务报表

□ 了解会计档案管理

◆ 技能目标

□ 培养学生识别、填制会计凭证的能力

□ 培养学生登记账簿、分析报表的技能

□ 培养学生勤于动手、勇于探究、解决实际问题的能力

◆ 情感目标

使学生认识会计工作政策性强，培养学生具有良好的职业道德、认真细致的工作作风、严谨的工作态度及服务意识、遵纪守法意识。

项目一　填制和审核会计凭证

【项目分析】填制和审核会计凭证是会计核算工作的起点和基本环节，也是登记账簿的前提

和依据。任何会计凭证都必须经过有关人员的严格审核、确认无误后，才能作为记账的依据。

那么什么是会计凭证呢？会计凭证，是指记录交易、事项，明确经济责任，据以登记账簿的书面证明。会计凭证按照填制的程序和用途不同，可分为原始凭证和记账凭证，如图3－1－1所示。

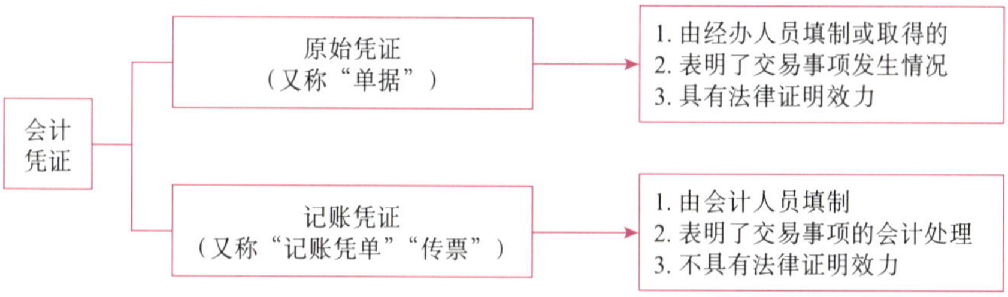

图3－1－1

任务一　识别原始凭证

任务描述

开学了，李芳为班上购买了清洁工具。那她怎样向全班同学证明自己购买了哪些清洁工具呢？而且花了多少钱呢？那李芳首先要给全班同学展示清洁工具；除此之外，最重要的是要向全班展示购货发票。这个购货发票能起到什么作用呢？——它可以证明购货业务的发生和完成。在会计业务上，我们把这张发票叫作“原始凭证”。

知识准备

一、原始凭证的概念和基本内容

（一）原始凭证的概念

原始凭证，是在交易、事项发生或完成时取得或填制的，用来证明交易、事项的发生或完成情况的书面证明。原始凭证是进行会计核算工作的原始资料和重要依据，是会计资料中最具法律效力的一种证明文件。

在我们的生活中，原始凭证多种多样：新学期开学时，你缴纳了学费，学校会给你开具一张收据，上面记载着你缴纳费用的项目、金额等；去书店买书时，你可以要求书店开一张发票，上面会注明所购买的书籍名称、数量、金额等。这些单据都属于原始凭证。

相关链接

发　票

发票是在购销商品、劳务以及从事其他经济活动中开具、收取的收付款的原始凭证。发票有普通发票和增值税专用发票之分。

（二）原始凭证的基本内容

在日常生活中，原始凭证种类繁多，形式多样。例如，外出旅行时所购买的火车票、飞机票、汽车票等；在商场购物时，商场开具的载明所购货物名称、数量、金额等内容的发票……这些单据的名称不同，形式各异，内容及繁简程度不一，但无论哪一种原始凭证，都是交易、事项的原始证据，必须详细载明有关交易、事项的发生或完成情况，明确了经办单位和人员的经济责任。因此，各种原始凭证又都具有一些共同的基本内容。

原始凭证所包括的基本内容，通常称为“原始凭证要素”。原始凭证主要包括以下七个要素：

1. 原始凭证名称。
2. 填制凭证的日期和编号。
3. 接受凭证单位或个人的名称。
4. 交易、事项内容。
5. 交易、事项的数量、单价和金额。
6. 填制单位名称或填制人姓名。
7. 经办人员签名或盖章。

下面以发票为例，说明原始凭证的基本内容（见图 3－1－2）。

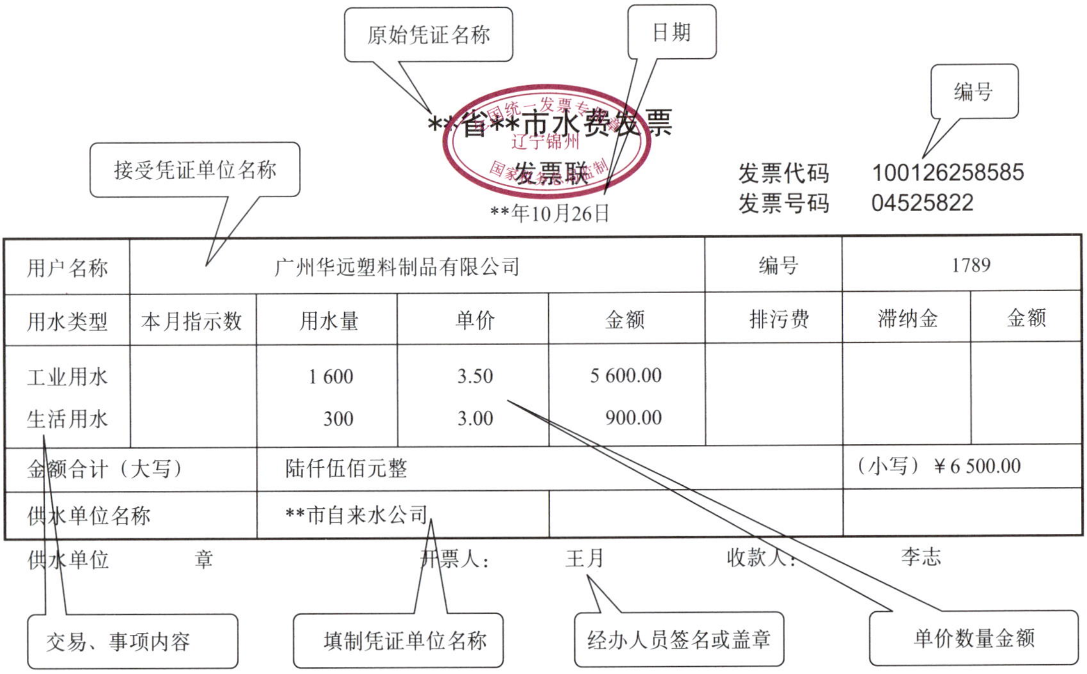

省市水费发票

发票联

**年10月26日

发票代码 100126258585

发票号码 04525822

用户名称	广州华远塑料制品有限公司				编号	1789	
用水类型	本月指示数	用水量	单价	金额	排污费	滞纳金	金额
工业用水 生活用水		1 600 300	3.50 3.00	5 600.00 900.00			
金额合计（大写）	陆仟伍佰元整					（小写）￥6 500.00	
供水单位名称	**市自来水公司						

供水单位　章　开票人：王月　收款人：李志

图 3－1－2

想一想

1. 会计核算工作的起点是（　　）。
   A. 设置会计科目　　B. 填制和审核会计凭证
   C. 设置账户　　D. 登记账簿
2. 以下项目中，不属于原始凭证所必须具备的基本内容的是（　　）。
   A. 凭证名称、填制日期　　B. 经济业务内容摘要
   C. 对应的记账凭证号数　　D. 填制经办人员的签字、盖章

二、原始凭证的种类

各单位的经济业务活动是多种多样的，因此，原始凭证的格式、内容以及填制的手续也不尽相同。原始凭证可按不同的方式进行分类。

1. 按取得原始凭证的来源不同划分，可将原始凭证划分为自制原始凭证和外来原始凭证。

（1）自制原始凭证。自制原始凭证是指本单位内部经办业务的部门和人员在执行或完成某项交易、事项时填制的，仅供本单位内部使用的原始凭证，如领料单（见表 3－1－1）、收料单、差旅费报销单、工资发放明细表、折旧计算表等。

表 3－1－1　　**领　料　单**

领料单位：　　编号：
用途：　　年　月　日　　发料仓库：

材料名称	材料编号	规格	计量单位	数量		单位成本	金额	备注
				请领	实发			

仓库负责人：　　记账：　　仓库保管员：　　领料：

（2）外来原始凭证。外来原始凭证是在企业与外单位发生交易时，从其他企业或个人取得的原始凭证，如购货时收到的增值税专用发票，对外单位支付款项时收到的收款收据（见表 3－1－2），职工出差时取得的火车票、飞机票等。

表 3－1－2　　**收　款　收　据**

收款日期　年　月　日　　NO：

<table>
<tr><td>付款单位</td><td></td><td>收款单位</td><td colspan="6"></td><td colspan="4">收款项目</td><td></td></tr>
<tr><td rowspan="2">人民币
（大写）</td><td colspan="2" rowspan="2"></td><td>千</td><td>百</td><td>十</td><td>万</td><td>千</td><td>百</td><td>十</td><td>元</td><td>角</td><td>分</td><td>结算方式</td></tr>
<tr><td></td><td></td><td></td><td></td><td></td><td></td><td></td><td></td><td></td><td></td><td></td></tr>
<tr><td rowspan="2">收款事由</td><td colspan="2" rowspan="2"></td><td colspan="2" rowspan="2">经办</td><td colspan="3">部门</td><td colspan="6"></td></tr>
<tr><td colspan="3">人员</td><td colspan="6"></td></tr>
<tr><td colspan="3" rowspan="2">上述款项照收收讫无误。
收款单位财务专用章：</td><td colspan="2">会计主管</td><td colspan="3">稽核</td><td colspan="4">出纳</td><td colspan="2">交款人</td></tr>
<tr><td colspan="2"></td><td colspan="3"></td><td colspan="4"></td><td colspan="2"></td></tr>
</table>

第二联：收款单位记账依据

外来原始凭证一般由税务局等部门统一印制，在填制时加盖出具单位公章方才有效，对于一式多联的原始凭证必须用复写纸套写。

相关链接

所谓“公章”，是指具有法律效力和特定用途，能够证明单位身份和性质的印鉴，包括业务公章、财务专用章、结算专用章等。

2. 按填制手续及方式不同划分，可将原始凭证划分为一次原始凭证、累计原始凭证和汇总原始凭证。

（1）一次原始凭证。一次原始凭证是指在一张凭证上只记载一项交易、事项或同时记载若干项同类性质的交易、事项的原始凭证，如收据、领料单、收料单、发货单、借款单等（见表 3－1－3）。

表 3－1－3

借　款　单

年　月　日　　　　　　　　第　　号

借款单位		
借款事由		
人民币（大写）　　¥：______		
借款人		现金 支票第　　号
备注：		

财务负责人：　　　　　　　　借款单位负责人：

一次原始凭证的填制手续是在交易、事项发生或完成时，由经办人员一次性填制完成的。一般只反映一项交易、事项，如开具给购货方的“增值税专用发票”等。有时也反映若干项同类性质的交易、事项。如“领料单”，领料部门一次可能领用一种材料，也可能领用几种材料，只要是填写在一张“领料单”上，并且是一次性领用的，即为一次原始凭证。

（2）累计原始凭证。累计原始凭证是在一张原始凭证上连续记载一定时间内不断重复发生的同类交易、事项完成情况的原始凭证。

累计原始凭证是分次完成填制手续，可以多次使用，有利于管理控制的原始凭证。“限额领料单”是最具有代表性的累计原始凭证，其格式如表 3－1－4 所示。

（3）汇总原始凭证。汇总原始凭证也称“原始凭证汇总表”，是为了简化核算手续、缩减记账凭证数量，将一定时期内若干项记录同类交易、事项的原始凭证汇总编制成一张原始凭证，用以集中反映某项交易、事项的完成情况，如发出材料汇总表（见表 3－1－5）、工资结算汇总表等。汇总原始凭证是有关责任人员根据经济管理的需要定期编制的。

原始凭证的分类情况如图 3－1－3 所示。

表 3－1－4

限 额 领 料 单

年 月

编号：

领料单位：　　　　用　　途：　　　　计划产量：

材料编号：　　　　名称规格：　　　　计量单位：

单　　价：　　　　消耗定量：　　　　领用限量：

年		请 领		实 发				
月	日	数量	领料单位负责人	数量	累计	发料人	领料人	限额结余
合计								

供应部门负责人：　　　　生产计划部门负责人：　　　　仓库负责人：

表 3－1－5

发出材料汇总表（一般格式）

年 月 日

会计科目		原料及主要材料	辅助材料	燃料	…	合计
生产成本	基本生产成本					
	辅助生产成本					
制造费用						
管理费用						
合计						

复核：　　　　制表：

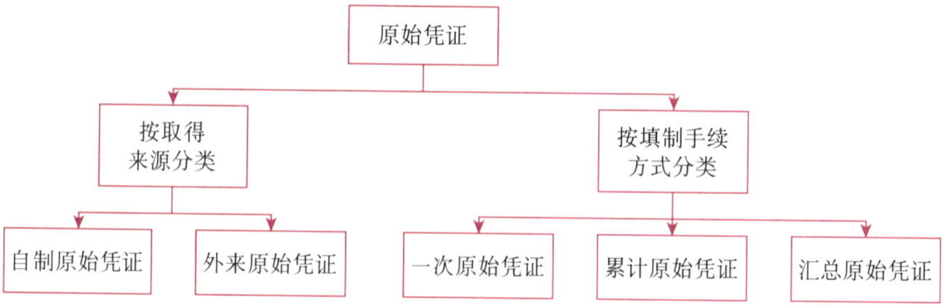

图 3－1－3　原始凭证分类

相关链接

凡是不能用来证明经济业务实际发生或完成的文件和单据，如购销合同、各种申请单、银行对账单、债权债务和对单、银行存款余额调节表、派工单、用工计划表不能作为原始凭证，只是作为证明经济业务发生的附件。

想一想

1. （单选题）下列原始凭证中，不属于单位自制原始凭证的是（　　）。
   A. 收料单　　B. 限额领料单
   C. 购货合同　　D. 领料单
2. （多选题）下列各项不属于原始凭证的是（　　）。
   A. 发票　　B. 限额领料单
   C. 销售合同　　D. 财务计划

扫一扫

常用原始凭证的用途及格式

一、借款单

借款单是企业的内部自制凭证，主要在员工出差、零星采购借款时使用（见表3－1－6）。

表3－1－6　　**借　款　单**

年　月　日　　　　第　　号

借款单位			
借款事由			
人民币（大写）		¥：________	
借款人		现金 支票第　　号	
备注：			

财务负责人：　　　　借款单位负责人：

二、现金支票

现金支票是专门制作的用于支取现金的一种支票，由存款人签发，用于到银行为本单位提取现金，也可以签发给其他单位和个人用来办理结算或者委托银行代为支付现金给收款人（见表3－1－7）。

表3－1－7

存根	支票
中国建设银行 现金支票存根 DH 20102324 附加信息 ———————— ———————— 出票日期　年　月　日 收款人： 金　额： 用　途： 单位主管　会计	中国建设银行　现金支票　　DH 20102324 本支票付款期十天 出票日期（大写）　年　月　日　付款行名称： 收款人：　出票人账号： 人民币（大写）　百 十 万 仟 百 十 元 角 分 上列款项请从 我账户内支付 出票人签章　　复核　　记账

三、收款收据

收据是证明往来结算的支持性凭证，付款的一方应索取收款方开具的收据，作为付款的凭证，而收款的一方应开具收据作为收款的凭证。收据实际上是一种自制票据，它是证明款项收付的凭据，本质上讲，只要发生了资金收付，无论是否有交易，都应该开具收据（见表3－1－8）。

表3－1－8

收 款 收 据

收款日期 年 月 日

NO：

付款单位		收款单位						收款项目					
人民币（大写）			千	百	十	万	千	百	十	元	角	分	结算方式
收款事由			经办	部门									
				人员									
上述款项照收收讫无误。 收款单位财务专用章：			会计主管	稽核		出纳				交款人			

第二联：收款单位记账依据

四、增值税专用发票

增值税专用发票是由国家税务总局监制设计印制的，只限于增值税一般纳税人领购使用的，既是纳税人反映经济活动中的重要会计凭证，又是兼记销货方纳税义务和购货方进项税额的合法证明，是增值税计算和管理中重要的决定性的合法的专用发票（见表3－1－9）。

表3－1－9

广东省增值税专用发票

记 账 联

No00125864

开票日期： 年 月 日

购货单位	名 称： 纳税人识别号： 地 址、电 话： 开户行及账号：	密码区	2489-1<9-7-61596284 8<032/52>9/29533-4974 1626<8-3024>82906-2 -47-6<7>2*-/>*>6/	加密版本：01 4300053140 00125864

货物或应税劳务名称	规格型号	单位	数量	单 价	金 额	税率	税 额
合 计							
价税合计（大写）					（小写）		

销货单位	名 称： 纳税人识别号： 地 址、电 话： 开户行及账号：	备注		

收款人： 复核： 开票人： 销货单位：（章）

第一联：记账联 销货方记账凭证

任务实施

1. （判断题）凭证中最具法律效力的是原始凭证。（　　）

2. （多选题）原始凭证按照填制手续及内容不同，可分为（　　）。

A. 一次凭证　　B. 自制凭证

C. 累计凭证　　D. 汇总凭证

3. （多选题）各种原始凭证必须具备的基本内容包括（　　）。

A. 凭证名称、填制日期　　B. 接受原始凭证的单位名称

C. 经济业务内容　　D. 填制单位签章

4. （多选题）下列各项属于一次原始凭证的有（　　）。

A. 购货发票　　B. 收款收据

C. 火车票　　D. 限额领料单

5. （单选题）下列说法中，错误的是（　　）。

A. 出差报销的车票属于原始凭证　　B. 采购材料的发票属于原始凭证

C. 领料单属于原始凭证　　D. 银行存款收款凭证属于原始凭证

任务二　填制原始凭证

任务描述

我们对原始凭证有了一个初步了解，知道了原始凭证的概念、基本内容及分类。那么，我们究竟应该怎样填制各种原始凭证呢？

知识准备

一、原始凭证填制要求

（一）记录真实

原始凭证所反映的交易、事项必须符合国家有关法律、规章、制度的要求，填制和取得的原始凭证必须以真实事项为基础，不允许以任何手段弄虚作假，伪造、变造原始凭证。原始凭证上的相关内容要与交易、事项的实际情况相符，做到真实可靠。不符合要求的，不得列入原始凭证。

（二）内容完整

《会计基础工作规范》中明确规定，原始凭证的各项内容必须填列齐全。因此，在填制各种原始凭证时，内容必须逐项填写齐全，不得遗漏或简略，不能含糊不清。同时，经办业务的有关部门和人员要按照法规要求对原始凭证进行认真审查，并签名盖章，以明确经济责任。

（三）书写规范

各种原始凭证的书写要用蓝黑墨水，文字要工整，字迹要清楚，易于辨认；不得使用未

经国务院公布的简化字，不得臆造文字；阿拉伯数字不得连写。

（四）填制及时

各种原始凭证应在交易、事项发生或完成时及时填写，取得后送交财会部门，由财会部门加以审核，并据以编制记账凭证。任何人不得以任何借口拖延，以保证经济业务活动的正常进行，确保会计信息的时效性。

相关链接

填制会计凭证的书写要求

1. 阿拉伯数字不得连写。阿拉伯金额数字前面应当书写币种符号。币种符号与阿拉伯金额数字之间不得留有空白。凡阿拉伯数字前写有币种符号的，数字后面不再写货币单位。

例如：正确的书写：¥1235.30

错误的书写：¥　1235.30

¥1235.30 元

2. 所有以元为单位的阿拉伯数字，除表示单价等情况外，一律填写到角分；无角分的，角位和分位可写“00”，或者符号“–”；有角无分的，分位应当写“0”，不得用符号“–”代替。

例如：正确的书写：¥1235.00

¥1235. –

¥1235.30

错误的书写：¥1235.3 –

3. 大写金额数字，如零、壹、贰、叁、肆、伍、陆、柒、捌、玖、拾、佰、仟、万、亿等，一律用正楷或者行书体书写。大写金额数字到元或者角为止的，在“元”或者“角”字之后应当写“整”字；大写金额数字有分的，分字后面不写“整”字。

例如：正确的书写：

¥1235.30，应写为：人民币壹仟贰佰叁拾伍元叁角整。

¥1235.34，应写为：人民币壹仟贰佰叁拾伍元叁角肆分。

4. 大写金额数字前未印货币名称的，应填写货币名称，货币名称与金额数字之间不得留空白，如上例。

5. 阿拉伯金额数字中间有“0”时，汉字大写金额要写“零”字；阿拉伯数字金额中间连续有几个“0”时，汉字大写金额中可以只写一个“零”字；阿拉伯金额数字元位是“0”，或者数字中间连续有几个“0”、元位也是“0”、但角位不是“0”时，汉字大写金额可以只写一个“零”字，也可以不写“零”字。

例如：正确的书写：

¥1001.50，大写金额为：人民币壹仟零壹元伍角整。

¥21000.50，大写金额为：人民币贰万壹仟零伍角整或人民币贰万壹仟伍角整。

6. 大写金额前面加“人民币”，小写金额前面加“¥”，称为“封头”，其作用是防止在金额前面增加数字；大写金额到“元”“角”为止的，要加“整”字，称为截尾，其作用是防止在金额后面增加数字。大写金额到“分”为止的，由于分是最后一位数字，也起到截尾的作用。

二、填制举例

（一）一次原始凭证的填制

下面以“收料单”“增值税专用发票”为例，介绍一次原始凭证的填制方法。

1. 收料单的填制。收料单是企业购进材料验收入库时，由仓库保管人员根据购入材料的实际验收情况填制的一次性原始凭证。

企业外购材料，都应履行入库手续，由仓库保管人员根据供应单位开来的发票账单，按实收数量填制“收料单”。

收料单通常是一料一单，一式三联。一联留仓库，据以登记材料物资明细账和材料卡片；一联随发票账单到会计部门报账；一联交采购部门或人员存查。

【例3－1－1】 广州华远塑料制品有限公司购入聚乙烯10吨，单价4 000元，另付购入材料运杂费2 000元。

本例中，仓库保管人员验收后应填制“收料单”，其格式与内容如表3－1－10所示。

表3－1－10　　广州华远塑料制品有限公司

收　料　单

供货单位：天河塑料厂

发票号码：00661136　　××××年5月8日　　收货仓库：1号库

材料类型	材料编号	材料名称及规格	计量单位	数量		实际成本（元）			
				应收	实收	买价		运杂费	合计
						单价	金额		
聚乙烯	022		吨	10	10	4 000	40 000.00	2 000.00	42 000.00
合计							40 000.00	2 000.00	42 000.00

仓库负责人：于洪　　记账：陈飞　　仓库保管员：王景　　收料：王丹青

2. 增值税专用发票的填制。增值税专用发票是由国家税务总局监制、设计、印制的，只限于增值税一般纳税人领购使用，既是纳税人反映经济活动的重要会计凭证，又是兼记销货方纳税义务和购货方进项税额抵扣的合法证明。

【例3－1－2】 广州华远塑料制品有限公司销售A型塑料桶1 000个给天源贸易有限责任公司，单价10元，金额1万元，双方均为增值税一般纳税人，税率为17%，税额1 700元。应开具增值税专用发票如表3－1－11所示。

提示： 原始凭证应连续编号，一式几联的原始凭证应当注明各联的用途，且只能以一联作为报销凭证。作废时应当加盖“作废”戳记，连同存根一起保存，不得撕毁。

（二）累计原始凭证的填制

现以“限额领料单”为例，说明累计凭证的填制方法。

表 3－1－11 **××省增值税专用发票**

21000331406 发 票 联 07060422

开票日期：××××年5月10日

国税函[2003]102号 海南华森实业公司							
购货单位	名称：天源贸易有限责任公司 纳税人识别号：330100278223×××× 地址、电话：国庆路46号 开户行及账号：建行南山分行 180100112201019			密码区	6+-<2>6>589+256+/*加密版本01 446<600375<35><4/*21000331406 2-2<2051+24+2618<7 07060422 /3-15>> 09/5/-1 > > >+2		
货物应税劳务名称 塑料桶 合计	规格型号 A	单位 个	数量 1 000	单价 10.00	金额 10 000.00 10 000.00	税率 17%	税额 1 700.00 1 700.00
价税合计（大写）	人民币壹万壹仟柒佰元整				¥11 700.00		
名称：广州华远塑料制品有限公司 纳税人识别号： 地址、电话：广州市天河区中山路256号 020-3866×××× 开户行及账号：建行中山支行 4543118096××××				备注			

收款人：李丹 复核：赵勇 开票人：刘玉 销货单位：（章）

“限额领料单”是多次使用的累计发料凭证。在有效期间内（一般为1个月），只要领用数量不超过限额就可以连续使用。“限额领料单”是由生产、计划部门根据下达的生产任务和材料消耗定额，按每种材料用途分别开出的。其填制程序是：

（1）领料部门申请领料时，在限额领料单内填写领料数量等内容，并经负责人签章批准。

（2）仓库依据请领数量，材料的品名、规格，在限额内发料，同时将实发数量及限额余额填写在限额领料单内，领发双方在单内签章。

（3）月末，仓库在限额领料单内结出实发数量和结存数量转交会计部门，据以计算材料费用，进行会计核算。

注意： 使用限额领料单领料，全月领用材料的数量一般不能超过生产计划部门下达的全月领用限额。

【例3－1－3】 广州华远塑料制品有限公司生产塑料桶耗用的主要材料为聚乙烯。领用该材料采用限额领料单。3月份领用情况如表3－1－12所示。

表 3－1－12 **限 额 领 料 单**

××年3月 编号：2345

领料单位：一车间 用途：生产塑料桶 材料编号：

名称规格：聚乙烯 计量单位：千克 领用限额：5 000千克

××年		请领						
月	日	数量	领料单位负责人	数量	累计	发料人	领料人	限额结余
3	5	2 000	李志	2 000	2 000	王景	董利	5 000
	16	800	李志	800	2 800	王景	董利	2 200
	25	1 600	李志	1 600	4 400	王景	董利	600
合计		4 400		4 400	4 400			600

供应部门负责人：郑笑 生产计划部门负责人：李季 仓库负责人：于洪

从以上“限额领料单”的记录可知，一车间在当月完成生产任务的情况下，实际累计耗用4 400千克，与领用限额5 000千克对比，节约600千克。“限额领料单”不仅起到事先控制领料的作用，而且可以减少原始凭证的数量和简化填制凭证的手续。

（三）汇总原始凭证的填制

现以“发料凭证汇总表”为例，说明汇总原始凭证的填制方法。

“发料凭证汇总表”是由财会部门根据各部门领用材料时填制的领料凭证按期汇总形成的原始凭证。

【例3－1－4】 广州华远塑料制品有限公司3月份编制的“发料凭证汇总表”如表3－1－13所示。

表3－1－13 发料凭证汇总表

××××年3月31日 单位：元

应借科目	应贷科目：原材料					发料合计
	明细科目：主要材料				辅助材料	
	1—10日	11—20日	21—30日	小计		
生产成本	15 000	22 000	20 000	57 000	3 000	60 000
制造费用	800		200	1 000	500	1 500
管理费用	1 200	300	500	2 000	1 500	3 500
合计	17 000	22 300	20 700	60 000	5 000	65 000

审核：钱力 填制：谢周

注意：汇总原始凭证只能将同类内容的经济业务汇总在一起，填列在一张汇总原始凭证上；不能将两类或两类以上的经济业务汇总在一起，填列在一张汇总原始凭证上。

相关链接

原始凭证签章要求：

1. 从外单位取得的原始凭证，必须盖有填制单位的公章。
2. 从个人取得的原始凭证，必须有填制人员的签名或者盖章。
3. 自制原始凭证必须有经办单位领导或者其指定的人员签名或盖章。
4. 对外开出的原始凭证，必须加盖本单位公章。

三、原始凭证的审核

为了保证会计资料的真实、准确、完整及符合会计法律、法规和制度的规定，充分发挥会计监督的作用，会计人员必须对原始凭证进行严格审核。对原始凭证的审核主要体现在以下两个方面：

（一）审核的内容

1. 审核原始凭证的合法性、真实性。要以国家颁布的有关法律、法规、制度等为依据，审核原始凭证的内容是否合法，有无违反财经纪律等违法乱纪的行为；要以本单位制定的计划、预算、合同等规章制度为依据，审查发生的交易、事项是否符合制度、计划、预算、合同等的规定，经济业务活动是否真实可靠。对违反国家法律法规和国家统一会计制度规定的事项，会计人员有权拒绝办理或按照职权予以纠正。对于弄虚作假、营私舞弊、伪造涂改凭证等违法乱纪行为，必须及时揭露，并向领导汇报，严肃处理。

2. 审核原始凭证的准确性、完整性。根据原始凭证的基本内容和填制要求，会计人员要审查原始凭证填写的内容是否符合规定的要求、有关项目是否填列齐全、数字和文字是否正确、书写是否清楚、有关人员是否签名盖章等。

（二）审核结果的处理

对于不同的审核结果，要分别予以处理。

1. 对于符合要求的原始凭证，应及时据以编制记账凭证。

2. 对于不真实、不合法的原始凭证，会计人员有权不予理睬，并向单位负责人报告。

3. 对于内容不全面、手续不完备、数字不准确或者填写有错误的原始凭证，应当退换给有关业务单位或个人，并令其补办手续或进行更正。

相关链接

在审核中应注意：原始凭证不得随意涂改，如发现填写错误需要更正的，应当由开出单位更正，更正处要加盖开出单位的公章。金额有错误的原始凭证，必须由出具单位重开。

任务实施

1.（单选题）对于需要几个单位共同负担的一张原始凭证上的支出，应根据其他单位负担部分为其提供（　　）。

A. 原始凭证复印件　　B. 原始凭证汇总表

C. 原始凭证交割单　　D. 原始凭证分割单

2.（多选题）下列不属于汇总原始凭证的是（　　）。

A. 发料凭证汇总表　　B. 限额领料单

C. 差旅费报销单　　D. 工资结算汇总表

3.（多选题）下列符合原始凭证填制要求的有（　　）。

A. 为避免调号、重号，会计人员必须在填写凭证的当日同时填写记账凭证编号

B. 在特定情况下，原始凭证经批准可以涂改、挖补

C. 从个人取得的原始凭证，必须有填制人员的签名盖章

D. 填制原始凭证不能提前、也不能事后补办，做到不积压、不误时、不事后补办

任务三　识别记账凭证

任务描述

尽管原始凭证记载并反映了交易、事项的具体内容，但由于原始凭证来自不同的单位，

种类繁多，格式不一，无法清晰地表明应记入的会计科目的名称和方向，所以它并不能将交易事项发生后所引起的资产与权益的变化情况直接地、总括地反映到有关的账簿中。因此，有必要按照专门的会计方法对原始凭证进行进一步的处理，即通过对原始凭证的分类、归纳，按照复式记账原理和设置账户原则，填制具有统一格式的记账凭证，确定会计分录，将相关的原始凭证附在后面，作为登记账簿的直接依据。这样不仅可以简化记账工作、减少差错，而且有利于原始凭证的保管，便于对账和查账，提高会计工作质量。

知识准备

一、记账凭证的概念

记账凭证是会计人员根据审核无误的原始凭证，按照交易、事项的内容加以归类，并据以确定会计分录后填制的会计凭证。记账凭证要根据复式记账的原理，确定会计科目的记账方向及金额，将原始凭证的内容，即交易、事项转化为会计语言，是原始凭证和账簿之间的中间环节，是登记各种账簿的依据。

二、记账凭证的基本内容

记账凭证的基本内容包括：记账凭证的名称；填制凭证的日期；凭证编号；交易、事项内容摘要；会计科目、记账方向、记账金额；所附原始凭证张数；填制人员、稽核人员、记账人员、会计主管人员的签名或盖章。收付款的记账凭证还应由出纳人员签名或盖章。

记账凭证的基本内容，可参见图3－1－4。

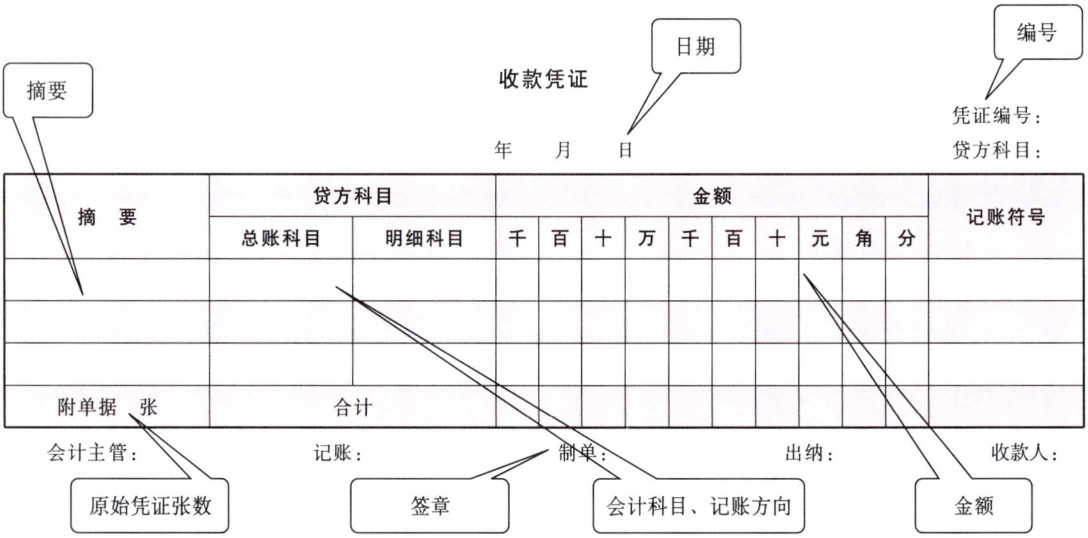

图3－1－4

提示：尽管记账凭证的内容较多，但其核心内容则是会计分录，即会计科目、记账方向和记账金额。

想一想

1. 下列不是记账凭证的基本要素的有（　　）。

A. 日期和编号及经济业务摘要

B. 交易或事项涉及的会计科目、记账方向及金额

C. 原始凭证附件

D. 单位负责人签章

2. 下列属于记账凭证基本内容的有（　　）。

A. 会计科目　　B. 凭证编号

C. 所附原始凭证张数　　D. 填制凭证日期

三、记账凭证的种类

按照记账凭证适用范围不同分类，可分为专用凭证和通用凭证两大类。

（一）专用记账凭证

专用记账凭证根据反映的内容不同，分为收款凭证、付款凭证和转账凭证。

1. 收款凭证是用于反映现金和银行存款收款业务的记账凭证。其格式如图 3－1－4 所示。收款记账凭证还可以分为现金收款凭证和银行存款收款凭证两种。

2. 付款凭证是用于反映现金和银行存款付款业务的记账凭证，其格式如表 3－1－14 所示。付款记账凭证又可以分为现金付款凭证和银行存款付款凭证两种。

表 3－1－14　　**付　款　凭　证**

凭证编号：

年　　月　　日　　贷方科目：

摘　要	借方科目		金额										记账符号
	总账科目	明细科目	千	百	十	万	千	百	十	元	角	分	
附单据　张	合计：												

会计主管：　　记账：　　稽核：　　制单：　　出纳：

想一想

仔细观察一下，付款凭证与收款凭证的主要区别在哪里？

3. 转账凭证是用于反映不涉及货币资金收付的转账业务的记账凭证。其格式见表 3－1－15。

表 3－1－15

转 账 凭 证

年　月　日　　　　凭证编号：

摘 要	会计科目		借方金额										贷方金额										记账符号
	总账科目	明细科目	千	百	十	万	千	百	十	元	角	分	千	百	十	万	千	百	十	元	角	分	
附单据　张	合计：																						

会计主管：　　记账：　　审核：　　制单：　　出纳：

（二）通用记账凭证

在实际工作中，如果是规模较大、款项收付业务比较多的大中型企业，通常采用收、付、转三种记账凭证进行会计核算。反之。如果是规模较小、款项收付业务比较少的单位，则可以采用通用记账凭证来记录所有交易、事项。采用通用记账凭证的单位，不再根据交易、事项的内容区分收款凭证、付款凭证和转账凭证，而是将所有的交易、事项进行统一编号，在通用记账凭证中进行记录。其格式与转账凭证的格式基本相同，如表 3－1－15 所示。

任务实施

1.（多选题）某单位购入设备一台，价款 100 万元，用银行存款支付 60 万元，另 40 万元尚未支付。对这一经济业务，单位应编制的记账凭证为（　　）。

A. 转账凭证　　B. 收款凭证

C. 付款凭证　　D. 转账凭证和付款凭证

2.（单选题）职工王某出差归来，报销差旅费 2 200 元，并交回多余现金 300 元，应编制的记账凭证是（　　）。

A. 收款凭证　　B. 付款凭证

C. 转账凭证　　D. 收款凭证和转账凭证

3.（单选题）企业出售产品一批，售价 5 000 元，收到一张转账支票送存银行。这笔业务应编制的记账凭证为（　　）。

A. 付款凭证　　B. 收款凭证

C. 转账凭证　　D. 收款凭证和付款凭证

任务四　填制记账凭证

任务描述

填制记账凭证是对原始凭证的整理和归类。在填制时，要按照复式记账的原理，正确运用会计科目，确定会计分录，以准确地反映所发生的交易、事项，并作为登记账簿的依据。

知识准备

一、记账凭证填制要点

1. 审核原始凭证。填制记账凭证所依据的必须是经审核无误的原始凭证或原始凭证汇总表。

2. 填写记账凭证日期。收付款业务因为要登入当天的日记账，因此涉及收付款业务记账凭证的日期应按现金或银行存款收付日期填写，涉及转账业务的记账凭证按收到原始凭证的日期填写，但在摘要栏要注明交易、事项发生的实际日期。

3. 填写记账凭证编号。记账凭证在一个月内要连续编号，以便查核。记账凭证的编号应采用字号顺序编号法，即分月按自然数 1、2、3、4……顺序连续标号，一张凭证编一个号，不得重号、跳号。

（1）专用凭证分类编号。常用的是“收”“付”“转”三类编号，即“收字第 × × 号”“付字 × × 号”“转字 × × 号”。例如，5 月 12 日收到一笔现金，是该月第 30 笔收款业务，记录该笔交易的记账凭证的编号为“收字第 30 号”。

（2）通用记账凭证统一编号。每月按记账凭证的顺序从 1 号开始顺序编号。

（3）如果一笔交易、事项需要填制一张以上的记账凭证时，记账凭证的编号可采用分数编号法。例如，一笔业务需要编制三张转账凭证，凭证号为 5 号，则这三张转账凭证的编号为转 5 1/3，转 5 2/3，转 5 3/3。

4. 摘要简明。“摘要”栏要运用简明扼要的语言概括表述交易、事项的主要内容。

5. 使用会计科目，编制会计分录。

6. 记账凭证上应注明所附的原始凭证张数，以便查核。

（1）如果根据同一张原始凭证填制数张记账凭证时，则应在未附原始凭证的记账凭证上注明“附件 × × 张，见第 × × 号记账凭证”。

（2）如果原始凭证需要另行保管时，则应在附件栏内加以注明。

（3）更正错账和结账的记账凭证可以不附原始凭证。

7. 复核检查记账凭证。填写完毕的记账凭证应由有关人员进行复核，并签名盖章。

8. 填制记账凭证时若发生错误，应当重新填制。

提示：不得将不同内容和类别的原始凭证汇总填制在一张记账凭证上。

想一想

1. 记账凭证可以根据（　　）编制。

A. 同一日期的所有原始凭证汇总　　B. 原始凭证汇总表

C. 若干张同一类别的原始凭证汇总　　D. 每一张原始凭证

2. 可以不附原始凭证的记账凭证有（　　）。

A. 一张原始凭证涉及几张记账凭证

B. 更正错误的记账凭证

C. 一张原始凭证需要有多个单位共同使用

D. 期末结账的记账凭证

二、填制实例

(一) 收款凭证的填制方法

收款凭证是根据有关现金和银行存款收入业务的原始凭证填制的，是登记现金日记账、银行存款日记账、有关明细账和总账等账簿的依据。其填制程序是：

1. 在收款凭证上方的借方科目，应根据情况填列“库存现金”或“银行存款”科目。
2. 按填制记账凭证的日期填写“年”、“月”、“日”。
3. 按记账凭证的填制顺序连续编号。
4. 简明扼要填写经济业务摘要。
5. 在贷方科目填写与“库存现金”或“银行存款”相对应的科目。
6. 在金额栏内填列贷方科目的金额。
7. 在合计栏内计算填写总金额。
8. 将金额栏中的空白划线注销。
9. 填写所附原始凭证张数。
10. 有关人员在记账凭证下相应处签名或盖章。

【例3-1-5】 广州华远塑料制品有限公司3月1日销售塑料桶4 000个，单价10元，价款4万元，增值税销项税款6 800元，收到购买单位支票一张，已填好进账单存入银行。

根据审核无误的原始凭证填制银行存款收款凭证，其内容与格式如表3-1-16所示。

表3-1-16 收 款 凭 证

凭证编号：银收字第14号

××××年3月1日 借方科目：银行存款

摘 要	贷方科目		金额										记账符号
	总账科目	明细科目	千	百	十	万	千	百	十	元	角	分	
售出塑料桶4 000个	主营业务收入	塑料桶				4	0	0	0	0	0	0	
	应交税费	应交增值税					6	8	0	0	0	0	
附单据2张	合计：				¥	4	6	8	0	0	0	0	

财务主管：赵勇　　记账：　　审核：赵勇　　制单：任同　　出纳：李丹

想一想

表3-1-16这张收款记账凭证所附的两张原始凭证是什么？

(二) 付款凭证的填制方法

付款凭证是根据有关现金和银行存款支付业务的原始凭证填制的，是登记现金日记账、银行存款日记账、有关明细账和总账的依据。其填制程序与收款凭证基本相同。

【例3-1-6】 广州华远塑料制品有限公司4月1日购入聚丙烯一批，买价7万元，增值税进项税额 11 900 元，共计 81 900 元。开出支票一张支付款项，材料已入库。根据审核无误的原始凭证填制银行存款付款凭证。其内容与格式如表 3－1－17 所示。

表 3－1－17　　付　款　凭　证

凭证编号：银付字第 33 号

××××年 4 月 1 日　　贷方科目：银行存款

摘　要	借方科目		金额										记账符号
	总账科目	明细科目	千	百	十	万	千	百	十	元	角	分	
购入聚丙烯一批	原材料	聚丙烯				7	0	0	0	0	0	0	
	应交税费	应交增值税				1	1	9	0	0	0	0	
附单据 3 张	合计				¥	8	1	9	0	0	0	0	

财务主管：赵勇　　记账：　　审核：赵勇　　制单：任同　　出纳：李丹

想一想

表 3－1－17 的付款记账凭证所附的 3 张原始凭证是什么？

特别提醒：涉及现金和银行存款之间的划转业务，应如何填制记账凭证呢？按规定只填制付款凭证，以免重复记账。如现金存入银行只填制一张“现金付款凭证”。同样，从银行取现金的业务，则只填一张“银行存款付款凭证。”

【例 3－1－7】　5 月 2 日，广州华远塑料制品有限公司将现金 5 万元送存银行。根据审核无误的原始凭证，填制“现金付款凭证”，如表 3－1－18 所示。

表 3－1－18　　付　款　凭　证

凭证编号：现付字 123 号

××××年 5 月 2 日　　贷方科目：库存现金

摘　要	借方科目		金额										记账符号
	总账科目	明细科目	千	百	十	万	千	百	十	元	角	分	
将现金存入银行	银行存款					5	0	0	0	0	0	0	
附单据 1 张	合计				¥	5	0	0	0	0	0	0	

财务主管：赵勇　　记账：　　审核：赵勇　　制单：任同　　出纳：李丹

对于以上现金、银行存款之间划转业务所填制的付款凭证，应据以同时登记现金日记账和银行存款日记账。

（三）转账凭证的填制方法

转账凭证是用以记录与现金或银行存款收付无关的转账业务的凭证，它是由会计人员根据审核无误的原始凭证填制的。

【例 3－1－8】　广州华远塑料制品有限公司 5 月 31 日计提当月折旧 28 000 元，其中，生产车间提折旧 19 000 元，厂部管理部门提折旧 9 000 元。根据“折旧计算表”填制转账凭证，其格式与内容如表 3－1－19 所示。

表 3－1－19

转 账 凭 证

××××年 5 月 31 日　　　　凭证编号：转字第 212 号

摘要	会计科目		借方金额										贷方金额										记账符号
	总账科目	明细科目	千	百	十	万	千	百	十	元	角	分	千	百	十	万	千	百	十	元	角	分	
计提折旧	制造费用	折旧费				1	9	0	0	0	0	0											
	管理费用	折旧费					9	0	0	0	0	0											
	累计折旧															2	8	0	0	0	0	0	
附单据 1 张	合计				¥	2	8	0	0	0	0	0			¥	2	8	0	0	0	0	0	

会计主管：赵勇　　记账：　　审核：赵勇　　制单：任同　　出纳：

想一想

在同一项交易、事项中，如果既有现金或银行存款的收付业务，又有转账业务时，应如何填制记账凭证？

【例 3－1－9】 4 月 1 日，广州华远塑料制品有限公司采购员王明出差回来，报销差旅费 1 500 元，出差前已预借 2 000 元，剩余款项交回现金。对于这项业务，我们应进行的会计处理是：

借：管理费用　　　　1 500

　　库存现金　　　　500

　　贷：其他应收款——王明　　　　2 000

应根据借款单第三联填制现金收款凭证，如表 3－1－20 所示；同时根据差旅费 1 500 元报销单填制转账凭证，如表 3－1－21 所示。

表 3－1－20

收 款 凭 证

凭证编号：现收字第 4 号

××××年 4 月 1 日　　　　借方科目：库存现金

摘要	结算方式	票号	贷方科目		金额										记账符号
			总账科目	明细科目	千	百	十	万	千	百	十	元	角	分	
交回剩余差旅费			其他应收款	王明						5	0	0	0	0	
附单据 1 张			合计						¥	5	0	0	0	0	

财务主管：赵勇　　记账：　　审核：赵勇　　制单：任同　　出纳：李丹

如果广州华远塑料制品有限公司采用通用记账凭证进行核算，则例 3－1－9 的经济业务可以编制如表 3－1－22 所示的记账凭证。

表 3－1－21

转 账 凭 证

××××年4月1日　　　　凭证编号：转字第12号

摘要	会计科目		贷方科目										金额										记账符号
	总账科目	明细科目	千	百	十	万	千	百	十	元	角	分	千	百	十	万	千	百	十	元	角	分	
报销差旅费	管理费用	差旅费					1	5	0	0	0	0											
	其他应收款	王明															1	5	0	0	0	0	
附单据1张	合计					¥	1	5	0	0	0	0				¥	1	5	0	0	0	0	

会计主管：赵勇　　记账：　　审核：赵勇　　制单：任同　　出纳：

表 3－1－22

通 用 记 账 凭 证

××××年4月1日　　　　凭证编号：第12号

摘要	会计科目		借方金额										贷方金额										记账符号
	总账科目	明细科目	千	百	十	万	千	百	十	元	角	分	千	百	十	万	千	百	十	元	角	分	
王明报销差旅费	库存现金							5	0	0	0	0											
	管理费用	差旅费					1	5	0	0	0	0											
	其他应收款	王明															2	0	0	0	0	0	
附单据2张	合计					¥	2	0	0	0	0	0				¥	2	0	0	0	0	0	

会计主管：赵勇　　记账：　　审核：赵勇　　制单：任同　　出纳：李丹

需要说明的是，在会计实务工作中，经济业务的发生反映在原始凭证中，会计人员要根据取得的原始凭证，运用所学的会计知识，填制记账凭证。

【例 3－1－10】 广州华远塑料制品有限公司取得了如下原始凭证（见表 3－1－23、表 3－1－24）。

表 3－1－23　　中国建设银行　　现金缴款单　　（回单）　　**1**

缴款日期：××××年1月30日

收款单位	全称	广州华远塑料制品有限公司		
	开户银行	中国建设银行中山支行	账号	45431180967526
款项来源	小额收款		交款单位	

人民币（大写）：叁仟伍佰元整	千	百	十	万	千	百	十	元	角	分
				¥	3	5	0	0	0	0

备注： 交款单位签章	收款：　　复核：　　中国建设银行中山支行 201×.01.30 转讫

表 3－1－24

通 用 记 账 凭 证

××年1月30日

凭证编号：75

摘　要	会计科目		借方金额										贷方金额										记账符号
	总账科目	明细科目	千	百	十	万	千	百	十	元	角	分	千	百	十	万	千	百	十	元	角	分	
现金存入银行	银行存款						3	5	0	0	0	0											
	库存现金																3	5	0	0	0	0	
附单据1张	合计					¥	3	5	0	0	0	0				¥	3	5	0	0	0	0	

三、记账凭证的审核

（一）合法性审核

审核记账凭证是否附有原始凭证，原始凭证是否齐全，两者记录的内容是否相符，内容是否合法、准确、完整。

（二）合规性审核

审核记账凭证日期、摘要、编号等内容是否填写清楚，尤其要审核应借、应贷科目及方向是否正确，账户对应关系是否清晰；审核所使用的会计科目及其核算内容是否符合国家统一会计制度的规定，金额计算是否准确，借、贷金额合计是否相等；审核附件张数以及有关人员签章等内容。

在审核过程中，如果发现差错，应查明原因，及时处理和更正。只有经过审核无误的记账凭证，才能据以登记账簿。

任务实施

1. （单选题）对于库存现金和银行存款之间的相互划转业务一般只填写（　　）。

A. 收款凭证　　B. 付款凭证

C. 转账凭证　　D. 会计凭证

2. （多选题）下列业务，不需要编制银行存款收款凭证的有（　　）。

A. 以银行存款购入设备　　B. 接受投入一台设备

C. 从银行借入款项，存入银行　　D. 以资本公积转增资本

3. （多选题）下列各项中，属于记账凭证审核内容的有（　　）。

A. 凭证所记载内容是否符合有关计划和预算

B. 会计科目使用是否正确

C. 凭证金额与所附原始凭证金额是否一致

D. 凭证内容与所附原始凭证内容是否一致

任务五 传递与保管会计凭证

任务描述

会计凭证的传递，是指各种会计凭证从填制、取得到归档保管为止的全部过程。各种会计凭证所记录的交易、事项不尽相同，办理业务手续和所需的时间也不尽相同。为了能够利用会计凭证及时反映各种交易、事项，提供会计信息，发挥会计监督的作用，必须正确、及时地进行会计凭证的传递，不得积压，正确组织会计凭证的传递。应当为每种会计凭证的传递规定合理的传递程序和在各个环节停留的时间。

知识准备

一、会计凭证传递的作用

从一定意义上说，会计凭证的传递起着在单位内部经营管理环节之间协调和组织的作用。会计凭证传递程序是企业管理制度重要的组成部分，传递程序是科学与否，在一定程度上能说明该企业管理的程序是否科学。会计凭证的传递不仅有利于及时进行会计记录，而且对于完善企业的经济责任制度具有十分重要的作用。

二、会计凭证传递的要求

会计凭证要在相关部门和人员中进行及时传递，不得积压。在传递过程中，通常原始凭证粘贴在相应的记账凭证后，并将记账凭证按顺序号排例整齐，用夹子把记账凭证夹好，严防在传递的过程中造成会计凭证散失。传递中，每一个财会人员都有责任确保会计凭证的安全与完整。

三、会计凭证的整理与保管

会计凭证装订前，要对会计凭证进行整理。其整理内容有：

（一）整理原始凭证

由于原始凭证的大小与记账凭证的大小可能不完全一样，这就需要会计人员在装订会计凭证前对原始凭证加以适当整理。

对于比记账凭证尺寸大的原始凭证，要按照记账凭证的尺寸大小，先自右向后，再自下向后折叠。要注意的是：应把凭证的左上角或左侧面让出来，以便装订后，还可以展开查阅。有的原始凭证不仅面积大，而且数量多，可以单独装订，如工资单、耗料单等，但在记账凭证上应注明保管地点。

对于比记账凭证略小的原始凭证，可先用回形针或大头针别在记账凭证后面，待装订时再抽去回形针或大头针。对于过小的原始凭证，为了确保其不至遗失，一般不直接装订，而是按一定次序和类别排列后粘在一张同记账凭证大小相同的原始凭证粘贴用纸上，同时，在一旁注明张数和合计金额。

（二）装订会计凭证

会计凭证经过加工整理之后，按照编号顺序，外加封面、封底，装订成册，并在装订线上加贴封签。在封面上，应写明单位名称、年度、月份、记账凭证的种类、起讫日期、起讫号数等内容，并在封签骑逢处加盖会计主管的图章。会计凭证一般每月装订一次。

（三）保管会计凭证

在立卷存档之前，会计凭证的保管由财会部门保管，年终再进行登记归档。保管过程中应注意以下问题：

1. 装订成册的会计凭证，应集中保管，并指定专人负责。

2. 会计凭证应加贴封条，防止抽换凭证。原始凭证不得外借，其他单位如有特殊原因确定需要使用时，经本单位会计机构负责人或会计主管人员批准，可以复制。向外单位提供的原始凭证复制件，应在专设的登记簿上登记，并由提供人员和收取人员共同签名盖章。

3. 原始凭证较多时，可单独装订保管，但应在凭证封面注明所属记账凭证的日期、编号和种类，同时在所属的记账凭证上应注明“附件另订”及原始凭证的名称和编号，以便查阅。

4. 需要查阅会计凭证时，要按照相关的制度办理相应的手续。

5. 会计年度结束后，财会部门应将保管的会计凭证及时移交档案部门，并办理交接手续。

相关链接

1. 从外单位取得的原始凭证遗失时，应取得原签发单位盖有公章的证明，并注明原始凭证的号码、金额、内容等，由经办单位会计机构负责人、会计主管人员和单位负责人批准后，才能代作原始凭证。

2. 若无法取得证明的，如车票丢失，则应当由当事人写明详细情况，由经办单位会计机构负责人、会计主管人员和单位负责人批准后，代作原始凭证。

任务实施

1. （单选题）原始凭证金额有错误的，应当（　　）。

A. 在原始凭证上更正　　B. 由经办人更正

C. 由出具单位更正并加盖公章　　D. 由出具单位重开，不得在原始凭证上更正

2. （单选题）下列单据中，属于自制原始凭证的是（　　）。

A. 接受供货单位填制的发票　　B. 银行转来的进账单

C. 工资计算单　　D. 运输部门填制的运费收据

3. （单选题）在原始凭证上书写阿拉伯数字，错误的做法是（　　）。

A. 金额数字前书写货币币种符号

B. 币种符号与金额数字之间要留有空白

C. 以元结尾的，在元后要写“整”
D. 数字金额一律写到角分，无角分的，要以“0”补位

4. （单选题）采购员报销差旅费并交回多余的现金，应编制的专用记账凭证是（　　）。
A. 现金收款凭证　　B. 转账凭证
C. 通用记账凭证　　D. 现金收款凭证和转账凭证

5. （单选题）记账凭证和原始凭证的共同点是（　　）。
A. 作用相同　　B. 凭证要素相同
C. 编制时间相同　　D. 反映的经济业务相同

项目二　建立账簿体系

【项目分析】账簿是会计信息的主要载体之一，是会计资料的重要组成部分。通过本项目的学习，使学生了解会计账簿的基本内容与分类，能够结合企业实际，建立企业所需的账簿体系。

任务一　认知会计账簿

任务描述

认知会计账簿的基本内容和分类。

想一想

假如你是广州华远塑料制品有限公司的会计人员，现在财务总监要求你提供一份3月份本公司应收账款的情况以及主要客户京华公司的应收账款的情况，你该怎么办？

知识准备

一、会计账簿的基本内容

会计账簿是指由一定格式账页组成的，以经过审核的会计凭证为依据，全面、系统、连续地记录各项交易和事项的簿籍。会计账簿是由若干账页的组合，是账户的表现形式。

相关链接

会计账簿与账户的关系：两者既有区别又有联系，是形式和内容的关系。

账簿用于序时分类地记载交易和事项，它所记载的交易和事项是在账户中完成的，它是一种外在形式。

账户是在账簿中以规定的会计科目开设的，用以规定不同账簿所记录的内容，账户存在于账簿之中，账簿中的每一账页就是账户的存在形式和信息载体。

会计账簿的基本内容包括：

1. 封面。封面主要用于表明账簿的名称，如“现金日记账”“银行日记账”“总分类账”“应收账款明细分类账”等，一般还应标明记账单位的名称和会计年度。

2. 扉页和账户目录。打开账簿封面后就能看到扉页，扉页主要列明账簿启用表和经管人员一览表，其应填列的内容主要有：经管人员、移交人和移交日期；接管人和接管日期。具体格式参见表 3－2－1（以总分类账为例）。

表 3－2－1　　账簿启用表

<table>
<tr><td colspan="2">单位名称</td><td colspan="8"></td><td>单位公章</td></tr>
<tr><td colspan="2">账簿名称</td><td colspan="8">总分类账</td><td rowspan="4"></td></tr>
<tr><td colspan="2">账簿编号</td><td colspan="8">字第　号第　册共　册</td></tr>
<tr><td colspan="2">账簿页数</td><td colspan="8">本账簿共计　页</td></tr>
<tr><td colspan="2">启用日期</td><td colspan="8">年　月　日</td></tr>
<tr><td colspan="2">经管人员</td><td colspan="3">接管</td><td colspan="3">移交</td><td colspan="2">会计负责人</td><td>印花税票粘贴处</td></tr>
<tr><td>姓名</td><td>盖章</td><td>年</td><td>月</td><td>日</td><td>年</td><td>月</td><td>日</td><td>姓名</td><td>盖章</td><td rowspan="5"></td></tr>
<tr><td></td><td></td><td></td><td></td><td></td><td></td><td></td><td></td><td></td><td></td></tr>
<tr><td></td><td></td><td></td><td></td><td></td><td></td><td></td><td></td><td></td><td></td></tr>
<tr><td></td><td></td><td></td><td></td><td></td><td></td><td></td><td></td><td></td><td></td></tr>
<tr><td></td><td></td><td></td><td></td><td></td><td></td><td></td><td></td><td></td><td></td></tr>
</table>

湖南长沙　　货号：20—132（50页）　　借贷式—总分类账

3. 账页。账页是账簿的主要内容和核心，是用来记录具体交易和事项的载体。账页上应载明的主要内容包括：账户的名称（即会计科目）；记账日期栏；记账凭证种类和号数栏；摘要栏（交易和事项内容的简要说明）；借方、贷方金额及余额的方向，金额栏；总页次和分页次等。

通过账簿的记录，既能对经济活动进行序时核算，又能进行分类核算；既可提供各项总括的核算资料，又可提供明细核算资料，对加强企业经济核算、改善经营者的管理有着重要意义。

二、会计账簿的分类

会计账簿体系是个大家族，有各种不同功能和作用的账簿，它们各自独立、又相互补充。为了便于了解和使用，我们从以下三个不同的角度对会计账簿进行分类。

（一）按用途分类

会计账簿按其用途不同，可分为序时账簿、分类账簿和备查账簿。

1. 序时账簿。序时账簿又称“日记账”，是按交易和事项发生或完成时间的先后顺序进行登记的账簿。按其记录的内容不同，序时日记账又分为普通日记账和特种日记账。

普通日记账是指用来逐笔记录全部交易和事项的序时账簿；特种日记账是用来逐笔记录某一交易和事项的序时账簿。在我国，目前大多数单位一般只设现金日记账和银行存款日记账。

2. 分类账簿。它是对全部交易和事项按照会计要素的具体类别设置的分类账户进行登记的账簿。分类账簿提供的核算信息是编制会计报表的主要依据。

分类账簿按其反映经济业务的详细程度不同，可分为总分类账簿和明细分类账簿。按照总分类账户开设的账簿，称为“总分类账簿”，简称“总账”，能够全面地反映企业的经济活动；按照明细分类账户开设的账簿，称为“明细分类账簿”，简称“明细账”，用来提供明细的核算资料。

相关链接

总账与明细账的关系：总账统驭控制其所属的明细账；明细账对其所属总账起补充说明作用。

3. 备查账簿。备查账簿简称“备查账”，是对某些不能在序时账簿和分类账簿等主要账簿中进行登记或者登记不够详细的交易和事项进行补充登记时使用的账簿，又称为“辅助账簿”。备查账簿可以对某些交易和事项的内容提供必须的参考资料，没有固定格式，可由各单位根据管理的需要自行设置与设计。如“租入固定资产登记簿”“应收票据备查簿”“支票领用登记簿”等。

（二）按外形特征分类

会计账簿按其外形特征不同，可以分为订本式账簿、活页式账簿和卡片式账簿。

1. 订本式账簿。订本式账簿又称“订本账”，是指在账簿启用前就把具有账户基本结构并连续编号的若干张账页固定地装订成册的账簿。

提示：

（1）总分类账、现金日记账和银行存款日记账必须采用订本账。

（2）在启用订本账之前需估算一定时期内每个账户对账页的需求量，尽量避免预留账页不足或者账页浪费。

2. 活页式账簿。活页式账簿又称“活页账”，是指年度内账页不固定装订成册，而是将其放置在活页账夹中的账簿。当账簿登记完毕之后（通常是一个会计年度结束之后），才能将账页予以装订，加具封面，并给各账页连续编号。

提示：

（1）各种明细分类账一般采用活页账。

（2）在年度终了时，应及时装订成册，妥善保管，以防散失和被随意抽换。

3. 卡片式账簿。卡片式账簿又称“卡片账”，是指将一定数量的卡片式账页存放在专设的卡片箱内，可以根据需要随时增添账页的账簿。严格说，卡片式账簿也是一种活页账，只不过不是装在活页账页夹中，而是装在卡片箱中。卡片账一般在实物保管、使用部门使用。

提示：

（1）固定资产明细账采用卡片账。

（2）卡片账可跨年度长期使用。

（三）按账页格式分类

会计账簿按其账页的格式不同，可以分为两栏式账簿、三栏式账簿、多栏式账簿、数量金额式账簿。

1. 两栏式账簿。它是指只有“借方”和“贷方”两个基本金额栏目的账簿。

2. 三栏式账簿。它是指设有“借方”“贷方”和“余额”（或者“收入”“支出”和“余额”）三个基本栏目的账簿，是目前实际工作中最常用的账簿之一。三栏式账页格式如表3－2－2所示。

表3－2－2　　三栏式账

年		凭证		摘要	借方											√	贷方											√	借或贷	余额											√
月	日	字	号		亿	千	百	十	万	千	百	十	元	角	分		亿	千	百	十	万	千	百	十	元	角	分			亿	千	百	十	万	千	百	十	元	角	分	

提示：

（1）各种日记账、总分类账以及资本、债权债务明细账都可采用三栏式账簿。

（2）适用于只需要金额核算的交易和事项。

3. 多栏式账簿。它是指根据交易和事项的内容和管理的需要，在账页的“借方”和“贷方”栏内再分别按照明细科目或某明细科目的各明细项目设置若干专栏的账簿。这种账簿可以按“借方”和“贷方”分别设专栏，也可以只设“借方”专栏，“贷方”的内容在相应的“借方”专栏内用红字登记，表示冲减；亦可反之。多栏式账页格式如表3－2－3所示。

提示：收入、费用明细账一般均采用多栏式账页。

4. 数量金额式。它是指在账页中分设“借方”“贷方”和“余额”（或者“收入”“发出”和“结存”）三大栏，并在每一大栏内分设“数量”、“单价”和“金额”三小栏，借以反映财产物资的实物数量和价值量的账簿。数量金额式账页格式如表3－2－4所示。

表 3－2－3

多栏式账

2015年		凭证		摘要	借方											√	贷方											√	借或贷	余额											（ ）方金额分析										
月	日	字	号		亿	千	百	十	万	千	百	十	元	角	分		亿	千	百	十	万	千	百	十	元	角	分			亿	千	百	十	万	千	百	十	元	角	分	亿	千	百	十	万	千	百	十	元	角	分

表 3－2－4

数量金额式账

品名：　　规格：　　产地：　　部类：　　第 1 页

2015年		凭证		摘要	借方													贷方													余额													√
月	日	字	号		数量	单价	金额											数量	单价	金额											数量	均价	金额											
							亿	千	百	十	万	千	百	十	元	角	分			亿	千	百	十	万	千	百	十	元	角	分			亿	千	百	十	万	千	百	十	元	角	分	

提示：原材料和库存商品、产成品等明细账一般采用数量金额式账簿。

任务实施

1. （单选题）库存商品明细账一般采用的账页格式为（　　）。
   A. 三栏式　　B. 多栏式
   C. 数量金额式　　D. 两栏式
2. （多选题）下列账户中，必须采用订本式账簿的有（　　）。
   A. 银行存款日记账　　B. 总账
   C. 原材料明细账　　D. 固定资产登记簿
3. （多选题）会计账簿按其用途不同，可分为（　　）。
   A. 序时账簿　　B. 总账
   C. 分类账簿　　D. 备查账簿

任务二　建立会计账簿

任务描述

在了解广州华远塑料制品有限公司基本情况的基础上（见模块一之项目一之任务二），财务人员应结合国家统一的会计制度和该企业实际经济业务的需要，确认建立哪些账簿、开设哪些账户，并启用账簿。

知识准备

会计账簿的建立，包括确定账簿的种类，设计账页的格式、内容，明确开设哪些账户等。各单位应根据经济业务的特点和管理要求，科学、合理地建立账簿。

相关链接

账簿设置原则

账簿的建立要组织严密，层次分明。账簿之间要互相衔接、互相补充、互相制约，能清晰地反映账户间的对应关系，以便能提供完整、系统的资料。账簿设置应遵循以下原则：

1. 必须按照国家统一会计制度的规定，结合本单位会计业务的需要，设置必要的账簿，保证能够全面、系统地核算和监督各项经济活动，为经济管理提供必要的会计核算资料。

2. 在保证满足核算和监督经济业务的基础上，尽量考虑人力、物力的节约，防止重复记账。

3. 账簿的格式要力求简明实用，既要保证会计记录的系统和完整，又要避免过于繁琐，以便于日常使用和保存。

一、确认建立哪些账簿

一般中小企业的会计核算应根据《企业会计准则》或《小企业会计准则》《会计基础工作规范》等法律法规的要求，结合企业业务实际，一般应至少建立现金日记账、银行存款日记账、总分类账和必要的明细分类账，以及相关备查簿。

现金日记账、银行存款日记账和总分类账应采用订本式账簿，三栏式账页格式，以防丢失、抽换，并能够全面反映现金、银行存款以及其他总分类账户的增减变动及结存情况。

各种明细分类账还应根据核算内容不同以及财产物资管理的要求不同，选用相应的账页格式：①对只需要进行金额核算的“应收款项”、“应付款项”等账户的明细核算应采用三栏式账页；②对既需要进行金额核算，又需要实物数量核算的各种财产物资明细账账户，应采用数量金额式账页；③对于需要在账页的“借方”和“贷方”栏内再分别按照明细科目或某明细科目的各明细项目设置若干专栏的，以详细反映经济业务内容的收入、费用明细账，应采用多栏式账页。在年度终了时，对明细分类账应及时装订成册，妥善保管。

备查账簿没有固定格式，可由企业根据管理的需要自行设置与设计。

二、选定会计科目

会计人员根据企业自身业务范围，按照《企业会计准则——应用指南》或《小企业会计准则》等国家统一的会计制度相关内容的要求，遵循合法、相关、实用的原则，选定企业需要的会计科目；并根据会计科目核算的内容，选用相应的账页格式，开设账户。

三、启用账簿

为了保证会计账簿记录的合法性和会计资料的真实性、完整性，明确经济责任，会计账簿应由专人负责登记。启用会计账簿应遵守以下规则：

（一）认真填写封面及账簿启用表和经管人员一览表

启用会计账簿时，应在账簿封面上写明企业的名称和账簿名称，并在账簿扉页附账簿启用和经办人员一览表（简称“启用表”）。启用表的内容主要包括账簿名称、启用日期、账簿页数、记账人员和会计机构负责人、会计主管人员姓名，并加盖名章和企业的公章。账簿启用时，应按税法规定贴印花税票。

启用订本式账簿，应当从第一页到最后一页顺序编定页数，不得跳页、缺页。使用活页式账簿，应当按账户顺序编号，并要定期装订成册；装订后再按实际使用的账页顺序编定页码，另加目录，记明每个账户的名称和页次。卡片式账簿在使用前应当登记卡片登记簿。

（二）严格交接手续

记账人员或者会计机构负责人、会计主管人员工作变动时，必须办理账簿交接手续，在账簿启用和经管人员一览表中注明交接日期、交接人员和监交人员姓名，并由双方交接人员签名或者盖章，以明确有关人员的责任。

（三）及时结转旧账

每年年初更换新账时，应将旧账的各账户余额过入新账的余额栏，并在摘要栏中注明“上年结转”字样。

扫一扫

企业的账簿如何缴纳印花税？

印花税是每个企业都会涉及的税种，现行的《中华人民共和国印花税暂行条例》（以下简称《印花税暂行条例》）只对列举的凭证征收印花税。企业的营业账簿作为正式列举的五类凭证之一，需按照“资金的账簿”和“其他营业账簿”两类分别采用按金额计税和按件计税两种方法计税。

1. 资金账簿：是反映生产经营单位“实收资本”和“资本公积”金额变化的账簿。

计税依据：以实收资本和资本公积两项合计金额为计税依据。

税率：按计税依据以万分之五的税率贴花。

2. 其他营业账簿：反映除资金资产以外的其他生产经营活动内容的账簿，即除资金账簿以外的，归属于财务会计体系的生产经营用账册。

计税依据：其他营业账簿包括日记账簿和各明细分类账簿。

税率：按每册 5 元定额贴花。

《印花税暂行条例》规定，应纳税凭证应当于书立或者领受时贴花。《中华人民共和国印花税暂行条例施行细则》（财税字［1988］225 号）第十四条规定，条例第七条所说的书立或者领受时贴花，是指在合同的签订时、书据的立据时、账簿的启用时和证照的领受时贴花。

任务实施

【小组讨论】假如你们小组是广州华远塑料制品有限公司财务科的工作人员，请你们在对该企业基本情况了解的基础上【资料参见模块一之项目一之任务二】，建立该企业的账簿体系。

项目三　登记账簿

【项目分析】登记账簿是会计人员的重要工作之一，不同类型的账簿，登记方法不同。通过本项目的学习与训练，使学生掌握登记各类账簿的方法并能基本熟练运用。

任务一　账簿的登记规则

任务描述

熟悉并掌握会计账簿的登记规则。

知识准备

一、根据审核无误的会计凭证登记账簿

会计凭证是记账的依据，记账人员在登记账簿之前，应当首先审核会计凭证的合法性、真实性和完整性，这是确保会计信息质量的重要措施。

二、书写要求

为了便于更正记账和方便查账，登记账簿时，书写的文字和数字上面要留有适当的空格，不要写满格，一般应占格距的 1/2，最多不能超过 2/3。

三、记账时要做到准确完整

记账人员记账时要做到数字准确，摘要清楚，登记及时，字迹清晰工整。应当将会计凭证的日期、编号、经济业务内容摘要、金额和其他有关资料逐一登记入账。

每一会计事项，要按平行登记方法，一方面记入有关总账，另一方面记入总账所属的明细账。

记账后，要在记账凭证上签章并注明所记账簿的页数，或划“√”表示已经登记入账，避免重记、漏记。

相关链接

总账和明细账之间的平行登记

总分类账户和明细分类账户是对同一经济业务的不同程度的反映，其记账时所依据的原始凭证是相同的。总分类账户统驭所属的明细分类账户；明细分类账户则对总分类账户起着进一步补充说明的作用。二者在数量上存在如下关系：

总分类账户借（贷）方本期发生额及余额合计

=其所属的明细分类账户的借（贷）方本期发生额及余额合计

因此，总账和明细分类账必须采用平行登记，以便于账户核对，并保证会计核算资料的真实、完整。

平行登记的要点包括：同时间、同方向、同期间、等金额四个方面。

四、顺序连续登记

会计账簿应当按照页次顺序连续登记，不得跳行、隔页。如果发生跳行、隔页的，应当将空行、空页用红色墨水对角划线注销，并注明“作废”字样，或者注明“此行空白”“此页空白”字样，并由经办人员盖章，以明确经济责任。

五、正确使用蓝黑墨水和红墨水

登记账簿要用蓝黑墨水或碳素墨水书写，不得使用圆珠笔或者铅笔书写，红色墨水只能用于划线、改错和冲账。

相关链接

在会计账簿中如何使用红色墨水

在会计账簿中，书写墨水的颜色用错了，会传递错误的信息。红色表示对正常记录的冲减，因此红色墨水不能随意使用。红色墨水只能在以下情况下使用：①冲销错账；②在多栏式账页的同一项目专栏中登记减少数额；③在三栏式账户的余额栏前，如未印明余额方向的，在余额栏内登记负数余额；④在会计账簿中划更正线、结账线和注销线；⑤根据国家统一会计制度的规定可以使用红字登记的其他会计记录。

六、结出余额

凡需要结出余额的账户，应按时结出余额。现金日记账和银行日记账必须逐日结出余额；债权债务明细账和各项财产物资明细账，每次记账后，都要随时结出余额；总账账户平时要每月结出月末余额。

结出余额后，应当在“借或贷”栏内写明“借”或者“贷”字样，以说明余额的方向。没有余额的账户，应当在“借或贷”栏内写“平”字，并在余额栏内用“0”表示。一般来说，“0”应放在“元”位。

七、过次承前

各账户在一张账页记满时，要在该账页的最末一行加计发生额合计数和结出余额，并在该行“摘要”栏注明“过次页”字样；然后，再把这个发生额合计数和余额填列在下一页的第一行内，并在“摘要”栏内注明“承前页”，以保证账簿记录的连续性。

八、账簿记录错误应按规定的办法更正

账簿记录发生错误时，不得刮、擦、挖、补，随意涂改或用褪色药水更改字迹，而是应该根据错误的情况，按规定的方法进行更正。（具体错账的更正方法见本模块项目四之任务二）

任务实施

1. （单选题）关于会计账簿的记账规则，下列表述不正确的是（　　）。
   A. 记账时应使用蓝黑墨水或碳素墨水的钢笔书写，不得使用圆珠笔（银行的复写账簿除外）或铅笔
   B. 账页登记满时，应办理转页手续
   C. 使用活页式账簿时，应先将其装订成册，以防止散失
   D. 在多栏式账页的同一项目专栏中登记减少数额，可以使用红色墨水记账
2. （单选题）红色墨水在下列（　　）情况下不得使用。
   A. 冲销错账　　B. 突出重要数据
   C. 表示反方向　　D. 结账划线
3. （单选题）总分类账户对所属明细账户起（　　）作用。
   A. 统驭控制　　B. 补充说明
   C. 辅助　　D. 从属
4. （单选题）登记账簿时，错误的做法是（　　）。
   A. 文字和数字的书写占格距的1/2　　B. 使用圆珠笔书写
   C. 用红字冲销错误记录　　D. 在发生的空页上注明“此页空白”

任务二　日记账的登记

任务描述

熟悉并掌握日记账的登记方法。

知识准备

一、日记账登记要点

日记账是按照经济业务发生的时间顺序，逐日逐笔顺序进行登记的账簿，其登记要点如下：

1. 账簿外表：订本式账簿。
2. 账页格式：一般采用三栏式账页。
3. 记账人员：出纳。

二、现金日记账的登记

现金日记账是用来核算和监督库存现金每日的收入、支出和结存状况的账簿。它由出纳人员根据现金收付款凭证和银行存付款凭证，按经济业务发生时间的先后顺序，逐日逐笔进行登记。每日终了，应结出当日的现金收入、支出合计数，并逐日结出现金余额，与库存现金实存数核对，以检查账实是否相符，做到日清月结。其格式见表 3－3－1。

表 3－3－1　　　　现　金　日　记　账

第 1 页

2015 年 月	日	凭证 字	号	对应科目	摘　要	分类账页	借　方（亿千百十万千百十元角分）	贷　方（亿千百十万千百十元角分）	余　额（亿千百十万千百十元角分）	√
12	1				期初余额				90000	
	1		1	银行存款	从银行提取现金		200000		290000	
	1				本日合计		200000		290000	
	3		4	其他应收款	支付职工王明差旅费			160000	130000	
	3				本日合计			160000	130000	
	4			…						
				…						
	31			本月合计						

现金日记账的登记方法：

1. 现金日记账中的“年、月、日”“凭证字号”“摘要”和“对方科目”等栏，根据有关审核无误记账凭证登记，记账日期要与入账记账凭证日期一致。

2. “借方”栏根据现金收款凭证和引起现金增加的银行存款付款凭证登记；“贷方”栏根据现金付款凭证登记。

提示：涉及现金和银行存款之间的划转业务，按规定只编制付款凭证，以避免重复记账，即从银行提取现金，只编制银行存款付款凭证；现金存入银行，只编制现金的付款凭证。

3. 每月期末，应结出当期“借方”栏和“贷方”栏的发生额和期末余额，并与“现金”总分类账户核对一致，做到日清月结、账实相符。如账实不符，应查明原因。

三、银行存款日记账的登记

银行存款日记账用来核算和监督银行存款每日的收入、支出和结存情况的账簿。它是由出纳人员根据银行存款收付款凭证和现金付款凭证（记录将现金存入银行的业务），按经济业务发生时间的先后顺序，逐日逐笔进行登记的序时账簿。其格式见表3－3－2。

表3－3－2 银行存款日记账

第 1 页

2015年		凭证		对应科目	摘 要	支票		分类账页	借 方	贷 方	余 额	√
月	日	字	号			种类	号码		亿千百十万千百十元角分	亿千百十万千百十元角分	亿千百十万千百十元角分	
12	1				期初余额						58390000	
	1	记	1	库存现金	从银行提取现金	现支	00573215			200000	58190000	
	1				本日合计					200000	58190000	
	3	记	3	管理费用	支付办公费和招待费	转账	00623786			160000	58030000	
					本日合计					160000	58030000	
	4			…								
				…								
	31			本月合计								

银行存款日记账的格式和现金日记账的格式基本相同，不同的是银行存款日记账还设有“结算凭证种类和号数”栏，单独列出每项存款收付所依据的结算凭证种类和号数，以便于和银行对账。

银行存款日记账和现金日记账的登记方法基本一样，每日终了时要结出余额，做到日清，以便检查监督各项收支款项，避免出现透支现象，同时也便于同银行对账单进行核对。

相关链接

银行对账单

银行对账单是指银行客观记录企业资金流转情况的记录单。就银行对账单的概念来说，银行对账单反映的内容是企业的资金，反映的形式是对企业资金流转的记录。就其用途来说，银行对账单是银行和企业之间对资金流转情况进行核对和确认的凭单。就其特征来说，银行对账单具有客观性、真实性、全面性等基本特征。

怎么使用银行对账单呢？一般在财产清查时使用银行对账单。银行存款日记账账面余额（账）与银行对账单余额（实）核对，一般每月都应与银行对账单核对，至少每月一次，做到账实相符。具体内容见本模块项目五。

任务实施

1. （单选题）现金日记账应由出纳人员根据收付款凭证逐日逐笔登记，（　　）结出余额与库存现金核对。

A. 每月　　B. 每日

C. 定期　　D. 每 3～5 天

2. （单选题）银行存款日记账是根据（　　）逐日逐笔登记的。

A. 银行存款收款凭证　　B. 转账凭证

C. 现金收款凭证　　D. 银行对账单

3. （单选题）下列各账簿中，必须逐日逐笔登记的是（　　）。

A. 库存现金总账　　B. 银行存款日记账

C. 应收账款总账　　D. 应付票据

4. （多选题）下列可以作为现金日记账借方登记依据的有（　　）。

A. 现金收款凭证　　B. 现金付款凭证

C. 银行存款收款凭证　　D. 银行存款付款凭证

5. 广州华远塑料制品有限公司 20×6 年 5 月 31 日现金日记账的余额为 2 500 元，银行存款日记账余额为 25 万元。本企业因业务量不大，凭证编号采用记字编号，6 月份发生下列经济业务：

（1）2 日，开出现金支票（支票号 00528965），从银行提现 3 000 元备用。

（2）5 日，采购员王华借支差旅费 3 000 元，以现金支付。

（3）7 日，开出转账支票（支票号 03248592）支付前欠环球化工公司 18 950 元货款。

（4）11 日，向明光公司销售商品一批，价款 8 万元，增值税 17%，价税款合计 93 600 元，款项已收到，存入银行。

（5）12 日，采购员王华报销差旅费，交回现金 180 元。

（6）15 日，收到富华公司投资 50 万元，款项已存入银行。

（7）15 日，采购原材料聚乙烯 10 吨，价款 95 000 元，增值税 16 150 元，价税合计 111 150 元，以上款项已开出转账支票支付（支票号 03248593）。

（8）18 日，用现金购买办公用品 120 元。

（9）25 日，用银行存款支付广告费 8 500 元。

（10）28 日，用银行存款支付水电费 5 860 元。

要求：（1）建立现金日记账、银行日记账。

（2）根据经济业务编制记账凭证，并登记现金日记账（见表 3－3－3）、银行存款日记账（见表 3－3－4）。

表 3－3－3　　　　现 金 日 记 账

第　　页

年		凭证		对应科目	摘要	分类账页	借方											贷方											余额											√
月	日	字	号				亿	千	百	十	万	千	百	十	元	角	分	亿	千	百	十	万	千	百	十	元	角	分	亿	千	百	十	万	千	百	十	元	角	分	

表 3－3－4　　　　银 行 存 款 日 记 账

第　1　页

年		凭证		对应科目	摘要	支票		分类账页	借方											贷方											余额											√
月	日	字	号			种类	号码		亿	千	百	十	万	千	百	十	元	角	分	亿	千	百	十	万	千	百	十	元	角	分	亿	千	百	十	万	千	百	十	元	角	分	

任务三　明细账的登记

任务描述

熟悉并掌握明细账的登记方法。

知识准备

一、明细分类账登记要点

明细分类账是根据明细账户开设账页，分类、连续地登记经济业务，以提供明细核算资料的账簿。企业应在设置总分类账的基础上，根据经营管理的需要，按照总账科目设置若干必要的明细账，以形成既能提供经济活动总括情况、又能提供具体详细情况的账簿体系。其登记要点如下：

1. 账簿外表：活页式账簿。
2. 账页格式：依据经济业务不同，可采用三栏式账页、数量金额式账页和多栏式账页。
3. 登账依据：根据审核无误的记账凭证、原始凭证或原始凭证汇总表，按时间先后逐笔进行登记。

二、三栏式明细分类账的登记

三栏式明细分类账账页的格式同总分类账的格式基本相同，它只设“借方”“贷方”和“金额”三个金额栏，不设数量栏。其格式见表3－3－5。

表3－3－5 **应收账款 明细分类账**

明细科目：永辉百货公司

2015年		凭证		摘要	借方											√	贷方											√	借或贷	余额											√
月	日	字	号		亿	千	百	十	万	千	百	十	元	角	分		亿	千	百	十	万	千	百	十	元	角	分			亿	千	百	十	万	千	百	十	元	角	分	
12	1			期初余额																									借				1	8	6	5	0	0	0	0	
	3	记	6	赊销塑料桶					5	3	6	0	0	0	0														借				2	4	0	1	0	0	0	0	
	8	记	15	收回前欠货款																	9	5	6	0	0	0	0		借				1	4	4	5	0	0	0	0	
				…																																					
				…																																					

适用条件：这种账页适用于采用金额核算的“应收账款”“应付账款”等账户的明细核算。

登记方法：它根据审核无误的记账凭证或原始凭证，按照业务发生先后顺序逐笔登记。

具体登记方法如下：

1. 三栏式明细账中的“年、月、日”“凭证字号”“摘要”和借或贷方的对方科目等栏，根据有关的记账凭证登记。
2. “借方”“贷方”栏根据记账凭证中的借方金额、贷方金额登记。
3. 每月期末，应结出当期“借方”栏和“贷方”栏的发生额和期末余额。

三、数量金额式明细账的登记

数量金额式明细账账页格式在“借方”（收入）、“贷方”（发出）、“余额”（结存）三栏内，再分别设置“数量”“单价”和“金额”等栏目，以分别登记实物的数量和金额。其格式如表 3－3－6 所示。

表 3－3－6　　原材料　明细账

品名：聚乙烯　　规格：　　产地：山东　　计量单位：吨　　金额：元

2015年		凭证		摘要	借方													贷方													余额													√
月	日	字	号		数量	单价	金额											数量	单价	金额											数量	均价	金额											
							亿	千	百	十	万	千	百	十	元	角	分			亿	千	百	十	万	千	百	十	元	角	分			亿	千	百	十	万	千	百	十	元	角	分	
5	1			期初余额																											8	9 000					7	2	0	0	0	0	0	
	3	记	7	生产车间领用														4	9 000					3	6	0	0	0	0	0	4	9 000					3	6	0	0	0	0	0	
	21	记	46	生产车间领用														2.8	9 000					2	5	2	0	0	0	0	1.2	9 000					1	0	8	0	0	0	0	
	25	记	53	采购	6	9 000					5	4	0	0	0	0	0														7.2	9 000					6	4	8	0	0	0	0	
	29	记	59	生产车间领用														0.8	9 000						7	2	0	0	0	0	6.4	9 000					5	7	6	0	0	0	0	
5	31			本月合计	6	9 000					5	4	0	0	0	0	0	7.6	9 000					6	8	4	0	0	0	0	6.4	9 000					5	7	6	0	0	0	0	
6	1			略																											6.4	9 000					5	7	6	0	0	0	0	
				略																																								

数量金额式明细账的适用条件：适用于既要进行金额明细核算，又要进行数量明细核算的财产物资项目，如“原材料”“库存商品”等账户的明细核算。它能提供各种财产物资收入、发出、结存等的数量和金额资料，满足开展业务和加强管理的需要。

数量金额式明细分类账的登记方法和三栏式基本相同。需要注意的是：在登记借贷方金额时，同时还要根据记账凭证所附的原始凭证登记数量和单价，根据财产物资的期末计价方式不同，登记方法也不尽相同。

提示：以上原材料明细账的核算，为方便说明问题，假设其购入和发出的单价相同。如果原材料期末计价采用全月一次加权平均法，则平时原材料明细账只登记增加、减少及结存数量，月末计算加权平均单价后，再登记金额。

四、多栏式明细分类账的登记

多栏式明细分类账是根据经济业务的特点和经营管理的需要，在一张账页的“借方”栏或“贷方”栏设置若干专栏，集中反映有关明细项目的核算资料。

适用条件：它主要适用于只记金额、不记数量，而且在管理上需要了解其构成内容的费用、成本、收入、利润账户，如“生产成本”“制造费用”“管理费用”“主营业务收入”等账户的明细分类账。“本年利润”“利润分配”和“应交税金——应交增值税”等科目所属明细科目则需采用借方、贷方均为多栏式的明细账。

多栏式明细账的格式视管理需要而呈多种多样。它在一张账页上，按明细科目分设若干专栏，集中反映有关明细项目的核算资料。如“制造费用明细账”，它在“借方”栏下，可分设若干专栏，如工资和福利费、折旧费、修理费、办公费……其格式见表 3－3－7。

表 3-3-7

管理费用 明细分类账

2015年 月	日	凭证 字	凭证 号	摘要	借方	√	贷方	√	借或贷	余额	（借）方金额分析 办公费	水电费	修理费	工资福利费	折旧费	其他	合计
					亿千百十万千百十元角分		亿千百十万千百十元角分			亿千百十万千百十元角分	亿千百十万千百十元角分	亿千百十万千百十元角分	亿千百十万千百十元角分	亿千百十万千百十元角分	亿千百十万千百十元角分	亿千百十万千百十元角分	亿千百十万千百十元角分
12	3	记	3		520000						520000						
	8	记	11		85000								85000				
				…													
	31			本月合计													

登记方法：

1. 多栏式明细分类账是由会计人员根据审核无误的记账凭证或原始凭证，按照经济业务发生的时间先后顺序逐日逐笔进行登记的。对于成本费用类账户，只在借方设专栏，平时在借方登记费用、成本发生额，贷方登记月末将借方发生额一次转出的数额。平时如发生贷方发生额，应用“红字”在“借方”有关栏内登记，表示应从借方发生额中冲减。

2. 同样，对于收入、成果类账户，只在贷方设专栏，平时在贷方登记收入的发生额，借方登记月末将贷方发生额一次转让“本年利润”的数额。平时若发生退货，应用“红字”在贷方有关栏内登记。

任务实施

1. （单选题）下列应该使用多栏式账簿的是（　　）。

A. “应收账款”明细账　　B. “管理费用”明细账

C. “库存商品”　　D. “原材料”

2. （单选题）“应交税费——应交增值税”科目的明细分类核算，其明细账的账页格式主要采用（　　）。

A. 多栏式　　B. 两栏式

C. 三栏式　　D. 数量金额式

3. （单选题）下列各项中，应使用数量金额式账簿的是（　　）。

A. “主营业务收入”明细账　　B. “管理费用”明细账

C. “生产成本”明细账　　D. “原材料”明细账

4. （单选题）“生产成本”的明细账一般采用（　　）。

A. 三栏式明细账　　B. 多栏式明细账

C. 数量金额式明细账　　D. 横线登记式明细账

5. （多选题）登记明细账的依据有（　　）。

A. 原始凭证　　B. 汇总原始凭证

C. 记账凭证　　D. 以上都不是

任务四　总账的登记

任务描述

熟悉并掌握总账的登记方法。

知识准备

总分类账也称“总账”，是按总分类账户进行分类登记，全面、总括地反映和记录经济活动情况，并为编制会计报表提供资料的账簿。总分类账和日记账设置要求基本相同，一般采用订本式账簿，三栏式账页，按照会计科目的编码顺序分别开设账户，并为每个账户预留若干账页。两者不同的是：总分类账须在账户的余额前设置余额方向栏“借或贷”，以此来反映不同账户的性质。

总分类账登记的依据和方法，取决于企业采用的账务处理程序。

相关链接

账务处理程序

在会计工作中，不仅要了解会计凭证的填制、账簿的设置和登记以及会计报表的编制，还必须明确规定各会计凭证、会计账簿和会计报表之间的关系，使之构成一个有机整体。而不同的账簿组织、记账程序和记账方法的有机结合，就构成了不同的账务处理程序。

什么是账务处理程序?

账务处理程序也称“会计核算形式”，是指从取得原始凭证到产生会计信息的步骤和方法。其主要内容包括整理、汇总原始凭证，填制记账凭证，登记各种账簿，编制会计报表这一整个过程的步骤和方法。

常用的账务处理程序包括：记账凭证账务处理程序、科目汇总表账务处理程序、汇总记账凭证账务处理程序三种。它们之间的主要区别在于登记总账的依据和方法不同。本书主要简单介绍记账凭证账务处理程序和科目汇总表账务处理程序。

一、记账凭证账务处理程序下总分类账的登记

（一）记账凭证账务处理程序

记账凭证账务处理程序是指对发生的经济业务，先根据审核无误的原始凭证或汇总原始凭证填制记账凭证，再直接根据记账凭证登记总分类账的一种账务处理程序。它是最基本的一种账务处理程序。

在记账凭证账务处理程序下，应当设置现金日记账、银行存款日记账、明细分类账和总分类账。日记账和总分类账可采用三栏式；明细分类账可根据需要采用三栏式、数量金额式和多栏式；记账凭证一般使用收款凭证、付款凭证和转账凭证三种格式，也可采用通用记账凭证。

（二）记账凭证账务处理程序的基本内容

记账凭证账务处理程序的基本内容如下（见图 3－3－1）：

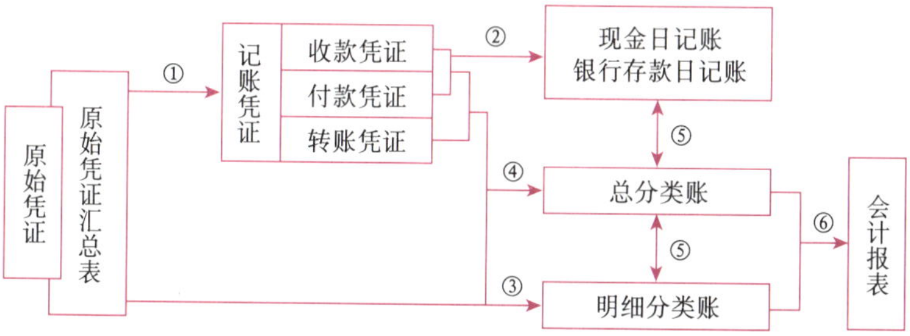

图 3－3－1　记账凭证账务处理程序

①根据原始凭证或原始凭证汇总表填制记账凭证；

②根据收款凭证和付款凭证逐笔登记现金日记账和银行存款日记账；

③根据原始凭证、原始凭证汇总表或记账凭证登记各种明细分类账；

④根据记账凭证逐笔登记总分类账；

⑤月末，将现金日记账、银行存款日记账的余额，以及各种明细分类账的余额合计数，分别与总分类账中相关账户的余额核对相符；

⑥月末，根据核对无误的总分类账和明细分类账的相关资料，编制会计报表。

以“应收账款”总账为例，学习总账的登记方法（见表3－3－8）。

表3－3－8　　应收账款　总分类账

2015年 月	日	凭证 字	号	摘要	借方 亿千百十万千百十元角分	√	贷方 亿千百十万千百十元角分	√	借或贷	余额 亿千百十万千百十元角分	√
12	1			期初余额					借	18650000	
	3	记	6	赊销塑料桶（永辉百货）	5360000				借	24010000	
	7	记	11	收回明光公司前欠货款			2810000		借	21200000	
	8	记	15	收回永辉百货前欠货款			9560000		借	11640000	
				…							
				…							
	31			本月合计					借		

提示：根据记账凭证逐笔登记总分类账。

相关链接

记账凭证账务处理程序的优缺点及适用范围

优点：记账程序简单明了，易于理解，总分类账可以详细地反映经济业务的发生情况。

缺点：登记总分类账的工作量较大。

适用范围：规模较小，经济业务量较少的单位。

二、科目汇总表账务处理程序下总分类账的登记

（一）科目汇总表账务处理程序

在科目汇总表账务处理程序下，要求定期将记账凭证编制成科目汇总表，然后根据科目汇总表登记总分类账。

采用科目汇总表账务处理程序时，其账簿设置、各种账簿的格式以及记账凭证的种类和格式基本与记账凭证账务处理程序相同，但应增设科目汇总表，以作为登记总分类账的依据。

（二）科目汇总表账务处理程序的基本内容

1. 科目汇总表的填制方法。科目汇总表（其格式见表3－3－9、表3－3－10）的填制

方法是：

（1）将汇总期内各项经济业务所涉及的会计科目填列在科目汇总表的“会计科目”栏内，填列的顺序最好与总分类账上会计科目的顺序相同，以便于登记总分类账。

（2）依据汇总期内所有的记账凭证，按照相同的会计科目归类，分别计算各会计科目的借方发生额和贷方发生额，并将其填入科目汇总表的相应栏内；最后，进行本期发生额试算平衡。试算无误后，据以登记总分类账。

（3）科目汇总表可以每月汇总一次，编制一张；也可视业务量大小每5天或10天汇总一次，每月编制一张。

表3－3－9

科目汇总表

年　月　日至　年　月　日　　　　第　号

会计科目	本期发生额		总账页数	记账凭证起讫号数
	借方	贷方		
合　计				

表3－3－10

科目汇总表

年　月

会计科目	1—10日		11—20日		21—31日		合计		总账页数
	借方	贷方	借方	贷方	借方	贷方	借方	贷方	
合　计									

2. 科目汇总表账务处理程序的基本内容。科目汇总表账务处理程序的基本内容如下（见图3－3－2）：

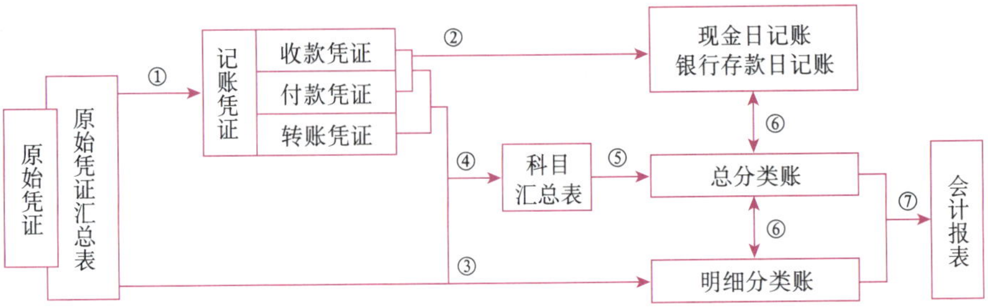

图 3－3－2　科目汇总表账务处理程序

①根据原始凭证或原始凭证汇总表填制记账凭证；

②根据收款凭证和付款凭证逐笔登记现金日记账和银行存款日记账；

③根据原始凭证、原始凭证汇总表或记账凭证登记各种明细分类账；

④根据记账凭证定期编制科目汇总表；

⑤月末，根据编制的科目汇总表登记总分类账；

⑥月末，将现金日记账、银行存款日记账的余额，以及各种明细分类账的余额合计数，分别与总分类账中相关账户的余额核对相符；

⑦月末，根据核对无误的总分类账和明细分类账的相关资料，编制会计报表。

以“应收账款”总账为例，显示总账的登记方法（见表 3－3－11）。

表 3－3－11　　**应收账款　总分类账**

2015 年		凭证		摘　要	借　方	√	贷　方	√	借或贷	余　额	√
月	日	字	号		亿千百十万千百十元角分		亿千百十万千百十元角分			亿千百十万千百十元角分	
12	1			期初余额					借	18650000	
	10	科汇	1	1—10 日汇总登记	8723500		13560000		借	13813500	
	20	科汇	2	11—20 日汇总登记	6310000		16287000		借	3836500	
				…							
	31			本月合计							

提示：根据编制的科目汇总表登记总分类账。

相关链接

科目汇总表账务处理程序的优缺点及适用范围

优点：根据定期编制的科目汇总表登记总分类账，首先，可以大大地简化总分类账的登记工作；其次，通过科目汇总表的编制，可进行发生额试算平衡，及时发现差错。

缺点：但由于科目汇总表是定期汇总计算每一账户的借方、贷方发生额，并不考虑账户间的对应关系，因而在科目汇总表和总分类账中，不能明确反映账户的对应关系，不便于了解经济业务的具体内容。

适用范围：主要适用于经济业务量较大的企业。

任务实施

1.（单选题）鉴于总账及其所属明细账的相互关系，在进行账簿登记时应采用（　　）。

A. 复式记账法　　B. 借贷记账法

C. 平行登记法　　D. 加权平均法

2.（单选题）明细账户对总分类账户起（　　）的作用。

A. 统驭控制　　B. 补充说明

C. 总括说明　　D. 从属地位

3.（单选题）下列既可以作为登记总账的依据，又可以作为登记明细账依据的是（　　）。

A. 记账凭证　　B. 汇总记账凭证

C. 原始凭证　　D. 汇总原始凭证

4.（单选题）科目汇总表的汇总范围是（　　）。

A. 全部科目的借、贷发生额和余额

B. 全部科目的借、贷余额

C. 全部科目的借、贷发生额

D. 汇总收款凭证、汇总付款凭证、汇总转账凭证的合计数

5.（单选题）各种账务处理程序之间的区别在于（　　）。

A. 总账的格式不同　　B. 登记总账的程序和方法不同

C. 编制会计报表的数据不同　　D. 会计凭证的种类不同

6.（单选题）在科目汇总表账务处理程序下，（　　）是其登记总账的直接依据。

A. 汇总记账凭证　　B. 科目汇总表

C. 记账凭证　　D. 原始凭证

7.（单选题）关于记账凭证账务处理程序，下列说法不正确的是（　　）

A. 根据记账凭证逐笔登记总分类账，是最基本的账务处理程序

B. 简单明了，便于理解，总分类账可以较详细地反映经济业务的发生情况

C. 登记总分类账的工作量较大

D. 适用于规模较大、经济业务量较多的单位

8.（多选题）各种账务处理程序的相同之处是（　　）。

A. 根据原始凭证编制汇总原始凭证

B. 根据原始凭证、汇总原始凭证和记账凭证，登记各种明细分类账

C. 根据收款凭证和付款凭证登记现金、银行存款日记账

D. 根据总账和明细账编制会计报表

9. 凌华公司为一般纳税人，2016 年 9 月初有关总分类账和明细分类账的余额如下：

总分类账：原材料 46 000 元；应付账款 93 600 元，总账采用记账凭证账务处理程序进行登记。

明细分类账：如表 3－3－12、表 3－3－13 所示。

该公司 9 月份发生下列业务：

（1）3 日，用银行存款购入材料一批，已验收入库，货款 61 000 元，增值税税款为 10 370 元。其中，A 材料 500 千克，单价 18 元；B 材料 1 000 千克，单价 12 元；D 材料 2 000 千

表 3－3－12　　原材料明细账

材料名称	计量单位	数　量	单　价	金额（元）
A	千克	1 000	18.00	18 000
B	千克	500	12.00	6 000
C	千克	800	10.00	8 000
D	千克	700	20.00	14 000
合计				46 000

表 3－3－13　　应付账款明细账

单位名称	金额（元）
明华公司	56 160
高天公司	37 440
合　计	93 600

克，单价 20 元。

(2) 7 日，用银行存款偿还前欠明华公司材料款，价税合计 56 160 元。

(3) 13 日，向高天公司采购 C 材料 1 600 千克，单价 10 元，价款 16 000 元，增值税 2 720 元，价税合计 18 720 元，以上款项尚未支付。

(4) 20 日，结转生产产品领用材料成本：A 材料 600 千克，单价 18 元；B 材料 800 千克，单价 12 元；C 材料 1 800 千克，单价 10 元；D 材料 2 100 千克，单价 20 元。

(5) 21 日，用银行存款支付前欠高天公司材料款价税合计 37 440 元。

(6) 26 日，购入材料一批，价税合计 28 080 元，款项尚未支付。其中，向明华公司购进 A 材料 1 000 千克，单价 18 元；向高天公司购进 C 材料 600 千克，单价 10 元。

(7) 28 日，用银行存款偿还前欠高天公司货款 1 万元。

要求：(1) 开设“原材料”、“应付账款”总账和明细账，并登记期初余额。

(2) 根据上述经济业务编制会计分录，并平行登记有关总分类账和明细分类账。

(3) 结算“原材料”、“应付账款”总分类账和明细分类账本月发生额和月末余额。

以上总账和明细账的登记见表 3－3－14 至表 3－3－21。

表 3－3－14　　总账

年		凭证		摘　要	借　方											√	贷　方											√	借或贷	余　额											√
月	日	字	号		亿	千	百	十	万	千	百	十	元	角	分		亿	千	百	十	万	千	百	十	元	角	分			亿	千	百	十	万	千	百	十	元	角	分	

表 3－3－15

总账

年		凭证		摘要	借方											√	贷方											√	借或贷	余额											√
月	日	字	号		亿	千	百	十	万	千	百	十	元	角	分		亿	千	百	十	万	千	百	十	元	角	分			亿	千	百	十	万	千	百	十	元	角	分	

表 3－3－16

明细分类账

明细科目：

年		凭证		摘要	借方											√	贷方											√	借或贷	余额											√
月	日	字	号		亿	千	百	十	万	千	百	十	元	角	分		亿	千	百	十	万	千	百	十	元	角	分			亿	千	百	十	万	千	百	十	元	角	分	

表 3－3－17

明细分类账

明细科目：

年		凭证		摘要	借方											√	贷方											√	借或贷	余额											√
月	日	字	号		亿	千	百	十	万	千	百	十	元	角	分		亿	千	百	十	万	千	百	十	元	角	分			亿	千	百	十	万	千	百	十	元	角	分	
				…																																					
				…																																					

表 3－3－18

明细账

品名：　　规格：　　产地：　　计量单位：　　金额：

年		凭证		摘要	借方													贷方													余额													√
月	日	字	号		数量	单价	金额											数量	单价	金额											数量	均价	金额											
							亿	千	百	十	万	千	百	十	元	角	分			亿	千	百	十	万	千	百	十	元	角	分			亿	千	百	十	万	千	百	十	元	角	分	

表 3－3－19

明细账

品名：　　规格：　　产地：　　计量单位：　　金额：

年		凭证		摘要	借方													贷方													余额													√
月	日	字	号		数量	单价	金额											数量	单价	金额											数量	均价	金额											
							亿	千	百	十	万	千	百	十	元	角	分			亿	千	百	十	万	千	百	十	元	角	分			亿	千	百	十	万	千	百	十	元	角	分	

表 3－3－20

明细账

品名：　　规格：　　产地：　　计量单位：　　金额：

年		凭证		摘要	借方													贷方													余额													√
月	日	字	号		数量	单价	金额											数量	单价	金额											数量	均价	金额											
							亿	千	百	十	万	千	百	十	元	角	分			亿	千	百	十	万	千	百	十	元	角	分			亿	千	百	十	万	千	百	十	元	角	分	

表 3－3－21　　明细账

品名：　　规格：　　产地：　　计量单位：　　金额：

年		凭证		摘要	借方													贷方													余额													√
月	日	字	号		数量	单价	金额											数量	单价	金额											数量	均价	金额											
							亿	千	百	十	万	千	百	十	元	角	分			亿	千	百	十	万	千	百	十	元	角	分			亿	千	百	十	万	千	百	十	元	角	分	

项目四　对账和结账

【项目分析】对账和结账是登记账簿工作中的重要环节。为了保证各账簿记录和会计报表的真实、完整和正确，如实地反映和监督经济活动，各单位必须做好对账工作。在做好对账工作的基础上，为正确反映一定时期内在账簿中已经记录的经济业务，总结有关经济活动和财务状况，为编制会计报表提供资料，各单位应在会计期末进行结账。

任务一　对账的内容

任务描述

熟练掌握对账的内容与方法。

知识准备

李芳想：是不是登记完账簿后就可以做报表了呢？当然不是，为了保证账簿记录的正确，应该先进行对账。对账，就是核对账目。对账包括账簿与凭证的核对、账簿与账簿的核对、账簿与实物的核对。对账工作至少每年进行一次，以保证各账簿记录和会计报表的真实、完整和正确，如实地反映和监督经济活动。对账工作主要包括以下内容：

一、账证核对

账证核对是指将会计账簿记录与会计凭证，包括记账凭证和原始凭证有关内容进行核对，这是对账工作的第一步。企业应当定期将会计账簿记录与其相应的会计凭证记录（包括时间、编号、内容、金额、记账方向等）逐项核对，检查是否一致。

二、账账核对

账账核对是指将各种会计账簿之间相对应的记录进行核对。账账核对的内容主要包括：

1. 总分类账各账户借方余额合计数与贷方余额合计数核对相符。
2. 总分类账各账户余额与其所属明细分类账各账户余额之和核对相符。
3. 现金日记账和银行存款日记账的余额与总分类账中“现金”和“银行存款”账户余额核对相符。
4. 会计部门有关财产物资的明细分类账余额与财产物资保管或使用部门登记的明细账核对相符。

提示：账账核对结束后，记得在账簿中登记对账符号“√”。

三、账实核对

账实核对是在账账核对的基础上，将各种财产物资的账面余额与实存数额进行核对。通过会计账簿记录与实物、款项的实有数进行核对，可以检查、验证款项、实物会计账簿记录的正确性，保证账实相符。账实核对的主要内容包括：

1. 现金日记账账面余额与现金实际库存数核对相符。
2. 银行存款日记账账面余额与开户银行对账单核对相符。
3. 各种材料、物资明细分类账账面余额与实存数核对相符。
4. 各种债权债务明细账账面余额与有关债权、债务单位或个人的账面记录核对相符。

提示：在实际工作中，账实核对一般要结合财产清查进行。

任务实施

1. （单选题）对账时，账账核对不包括（　　）。

   A. 总账各账户的余额核对　　B. 总账与明细账之间的核对

   C. 总账与备查账之间的核对　　D. 总账与日记账的核对

2. （单选题）对账的内容不包括（　　）。

   A. 账实核对　　B. 账账核对

   C. 账证核对　　D. 证表核对

3. （单选题）银行存款日记账与银行对账单之间的核对属于（　　）。

   A. 账证核对　　B. 账账核对

   C. 账实核对　　D. 余额核对

4. （单选题）下列关于对账的表述，不正确的是（　　）。

   A. 对账工作一般在月末进行，即在记账之后、结账之前进行

B. 对账的内容包括账证核对、账账核对、账实核对、证表核对
C. 账证核对是指账簿记录与原始凭证、记账凭证的核对
D. 账实核对是指各项财产物资、债权债务等账面余额与实有数额之间的核对

5. （单选题）各种应收、应付、应交款明细账的期末余额应与债务、债权单位的账目核对相符，属于（　　）。

A. 账证核对　　B. 账账核对
C. 账实核对　　D. 余额核对

6. （单选题）下列属于账证核对的是（　　）。

A. 明细账应与记账凭证或原始凭证相核对
B. 总账账户的期末余额应与所属明细分类账户期末余额之和核对相符
C. 现金日记账和银行存款日记账期末余额应分别同有关分类账户的期末余额核对相符
D. 现金日记账账面余额应与现金实际库存数逐日核对相符

任务二　错账更正

任务描述

熟练掌握错账更正的方法与适用范围。

想一想

如果会计账簿在登记中发生错误怎么办？能直接涂改、刮擦或者撕掉重写吗？为什么？

知识准备

登记账簿中发生的差错，一经查出就应立即更正。对于账簿记录错误，不准涂改、挖补、刮擦或者用药水消除字迹，不准重新抄写，而必须根据错误的具体情况和性质，采用规范的方法予以更正。错账更正方法通常有划线更正法、红字更正法和补充登记法。

一、划线更正法

在结账前，发现记账凭证填制正确而账簿记录中文字或数字有错误，应采用划线更正法。其具体做法是：

1. 先在错误的文字或数字上划一条红线，表示注销，划线时必须使原有字迹仍可辨认。
2. 然后将正确的文字或数字用蓝字写在划线处的上方，并由记账人员在更正处盖章，以明确责任。

提示：对于文字的错误，可以只划去错误的部分，并更正错误的部分，对于错误的数字，应当全部划红线更正，不能只更正其中的个别错误数字。

例如，把“9 846”元误记为“8 946”元时，应将错误数字“8 946”全部用红线注销后，再写上正确的数字“9 846”，而不是只删改“8”“9”两个数字。

二、红字更正法

记账以后，如果发现记账凭证中应借、应贷科目或所记金额大于应记金额时，可以用红字更正法进行更正。

红字更正法一般适用于以下两种情况错账的更正：

1. 记账后，如果发现记账凭证中的应借、应贷会计科目有错误，那么可以用红字更正法予以更正。其具体做法是：

（1）先用红字金额，填写一张与原错误记账凭证内容完全相同的记账凭证，且在摘要栏注明“更正某月某日第×号凭证”，并据以用红字金额登记入账，以冲销账簿中原有的错误记录；

（2）然后再用蓝字重新填制一张正确的记账凭证，登记入账。这样，原来的错误记录便得以更正。

【例3－4－1】 广州华远塑料制品有限公司月末计提利息600元时，误将利息支出计入“管理费用”，并已登记入账，原错误凭证为：

借：管理费用 600

　　贷：应付利息 600

（1）发现错误后，用红字填制一张与原错误记账凭证内容完全相同的记账凭证，在摘要栏“更正某月某日第×号凭证”，并据以用红字金额登记入账。

借：管理费用 600

　　贷：应付利息 600

（2）用蓝字填制一张正确的记账凭证，并据以登记入账。

借：财务费用 600

　　贷：应付利息 600

2. 记账后，如果发现记账凭证和账簿记录中应借、应贷的账户没有错误，只是所记金额大于应记金额，也采用红字更正法。

对于这种账簿记录的错误，更正的方法是：将多记的金额用红字填制一张与原错误记账凭证会计科目相同的记账凭证，并在摘要栏注明“更正某月某日第×号凭证”，并据以登记入账，以冲销多记的金额，使错账得以更正。

【例3－4－2】 仍以【例3－4－1】为例，假设在编制记账凭证时应借、应贷账户没有错误，只是将金额由500元写成了5 000元，并且已登记入账。

该笔业务只需用红字更正法编制一张记账凭证，将多记的4 500元金额用红字冲销即可。编制的记账凭证为：

借：财务费用 4 500

　　贷：应付利息 4 500

并根据以上更正凭证登记入账。

三、补充登记法

在记账之后，如果发现记账凭证中应借、应贷的账户没有错误，但所记金额小于应记金额，造成账簿中所记金额也小于应记金额，这种错账应采用补充登记法进行更正。

更正的方法是：将少记金额用蓝笔填制一张与原错误记账凭证会计科目相同的记账凭证，并在摘要栏内注明“补记某月某日第×号凭证”，并予以登记入账，补足原少记金额，使错账得以更正。

【例3-4-3】 仍以【例3-4-1】为例，假设在编制记账凭证时应借、应贷账户没有错误，只是金额由500元写成了50元，并且已登记入账。

该笔业务只需用补充登记法编制一张记账凭证，将少记的450元金额补足便可。

借：财务费用　　450

　　贷：应付利息　　450

并根据以上更正凭证登记入账。

相关链接

三种错账更正方法适用范围如表3-4-1所示。

表3-4-1　错账更正方法适用范围归纳表

<table>
<tr><th rowspan="2">适用范围
更正方法</th><th colspan="4">错误类型</th></tr>
<tr><th colspan="2">记账凭证</th><th colspan="2">会计账簿</th></tr>
<tr><td rowspan="2">划线更正法</td><td colspan="2" rowspan="2">正　确</td><td rowspan="2">错　误</td><td>文字错误</td></tr>
<tr><td>数字错误</td></tr>
<tr><td rowspan="2">红字更正法</td><td rowspan="2">错　误</td><td>科目、方向错误</td><td colspan="2" rowspan="2">错　误</td></tr>
<tr><td>科目、方向正确，金额错误，所记金额大于应记金额</td></tr>
<tr><td>补充登记法</td><td>错　误</td><td>科目、方向正确，金额错误，所记金额小于应记金额</td><td colspan="2">错　误</td></tr>
</table>

任务实施

1.（单选题）某企业通过银行收回应收账款8 000元，在填制记账凭证时，科目、方向无误，误将金额记为800元，并登记入账。当年发现错误，更正时应采用的更正方法是（　　）。

A. 重编正确的收款凭证　　B. 补充登记法

C. 红字更正法　　D. 划线更正法

2.（单选题）下列各种做法中，适用于记账凭证应记科目正确，但所记金额大于应记金额且已登记入账的情况的是（　　）。

A. 红字更正法　　B. 划线更正法

C. 补充登记法　　D. 平行登记法

3.（单选题）下列各项错误，应当用红字更正法予以更正的是（　　）。

A. 在结账前发现账簿中的摘要栏文字写错，记账凭证没有错误

B. 某账簿记录中，将128.50元误记为125.80元，而对应的记账凭证无误

C. 接受外单位投入资金18万元，已存入银行。在填制记账凭证时，误将其金额写为

15 万元，并已登记入账

D. 某企业以银行存款购买 A 材料 3 000 元，材料已验收入库。在填制记账凭证时，误作贷记“库存现金”科目，并已登记入账

4.（单选题）企业开出转账支票 1 780 元购买办公用品，编制记账凭证时，误记金额为 1 870 元，科目及方向无误，并已记账。下列做法中，适用于此情况的是（　　）。

A. 补充登记 90 元　　B. 把错误凭证撕掉重编

C. 在凭证中划线更正　　D. 红字冲销 90 元

5. 光明公司为一般纳税人，5 月份发生下列交易事项的记录：

（1）以现金 1 200 元支付本公司办公楼的租赁费，记账凭证上编制的会计分录如下，并据以登记入账：

借：销售费用　　1 200

　　贷：库存现金　　1 200

（2）计提车间用固定资产折旧 5 000 元，记账凭证上编制的会计分录如下，并据以登记入账：

借：制造费用　　500

　　贷：累计折旧　　500

要求：说明上述账务处理的错误所在，选择正确的更正方法，并进行更正。

任务三　结账的方法

任务描述

熟练掌握结账的程序和基本方法。

想一想

为什么要结账？会计分期假设和结账有关系吗？

知识准备

为了正确反映一定时期内在账簿中已经记录的经济业务，总结有关经济活动和财务状况，为编制会计报表提供资料，企业应在会计期末进行结账。

结账，是在把一定时期内发生的全部经济业务登记入账的基础上，按规定的方法结出本期发生额和期末余额的工作。会计期间一般按日历时间划分为月、季、年，结账于各会计期末进行，所以分为月结、季结、年结。

一、结账的程序

结账的基本程序具体表现为：

1. 结账前，将本期发生的经济业务事项全部登记入账，并保证其正确性。对于发现的

错误，应采用正确的更正方法进行更正。

2. 根据权责发生制的要求，调整有关账项，合理确定本期应计的收入和应计的费用。

3. 将损益类账户转入“本年利润”账户，结平所有损益类账户。

4. 结算出“资产”“负债”和“所有者权益”账户的本期发生额和余额，并结转下期。

在此基础上，才可保证结账的有用性，确保会计报表的正确性。不得把将要发生的经济业务提前入账，也不得把已经在本期发生的经济业务延至下期（甚至以后期）入账。

二、结账的基本方法

结账时，应根据不同的账户记录，分别采用不同的结账方法。

提示：为了突出本期发生额及期末余额，表示本会计期间的会计记录已经截止或者结束，应将本期与下期的会计记录明显分开，结账一般都划“结账线”。划线时，月结、季结用单红线，年结划双红线。划线应划红线，并应划通栏线，不能只在账页中的金额部分划线。

结出余额后，应在余额前的“借或贷”栏内写“借”或“贷”字样。没有余额的账户，应在余额栏前的“借或贷”栏内写“平”字，并在余额栏内用“0”表示。

（一）总账账户的结账方法

总账账户平时只需结计月末余额，不需要结计本月发生额。

每月结账时，应将月末余额计算出来并写在本月最后一笔经济业务记录的同一行内，并在下面的通栏划单红线。年终结账时，为了反映全年各会计要素增减变动的全貌，便于核对账目，要结计所有总账账户全年发生额和年末余额，在摘要栏内注明“本年累计”字样，并在“本年累计”行下划双红线。

（二）现金、银行存款日记账和需要按月结计发生额的收入、费用等明细分类账的结账方法

现金日记账、银行存款日记账和需要按月结计发生额的各种明细账，每月结账时，要在每月的最后一笔经济业务下面的通栏划单红线，结出的本月发生额和月末余额写在红线下面，并在摘要栏内注明“本月合计”字样，再在下面通栏划单红线。

（三）不需要按月结计发生额的债权、债务和财产物资等明细分类账的结账方法

对这类明细账，每次记账后，都要在该行余额栏内随时结出余额，每月最后一笔余额即为月末余额。也就是说，月末余额就是本月最后一笔经济业务记录的同一行内的余额。月末结账时，只需在最后一笔经济业务记录之下的通用栏划单红线即可，无需再结计一次余额。

（四）需要结计本年累计发生额的收入、成本等明细分类账的结账方法

对这类明细账，先需要按照按月结计发生额的明细账的月结方法进行月结，再在“本月合计”行下的摘要栏内注明“本年累计”字样，并结出自年初起至本月末止的累计发生额，再在下通栏划单红线。12 月末的“本年累计”就是全年累计发生额，全年累计发生额下面的通栏划双红线。

（五）年度终了结账方法

年度终了结账时，有余额的账户，要将其余额结转到下一会计年度，并在摘要栏内注明“结转下年”字样；在下一会计年度新建有关会计账簿的第一行余额栏内填写上年结转的余额，并在摘要栏内注明“上年结转”字样。结转下年时，既不需要编制记账凭证，也不必将余额再记入本年账户的借方或贷方、以使本年有余额的账户的余额变为零，而是使有余额的账户的余额如实反映在账户中，以免混淆有余额账户和无余额账户的区别。

任务实施

1. （单选题）结账时，应当划通栏双红线的是（　　）。

A. 各月末结出全年累计发生额后　　B. 12 月末结出全年累计发生额后

C. 结出本季累计发生领后　　D. 结出当月发生额后

2. （单选题）下列关于需结出本年累计的账户，月末结账划线的说法中，正确的是（　　）。

A. 划一条单横线　　B. 划两条双横线

C. 划三条单横线　　D. 划四条双横线

3. （单选题）下列关于年终结账的表述中，正确的是（　　）。

A. 不需要编制记账凭证，但应将上年账户的余额反向结平才能结转下年

B. 应编制记账凭证，并将上年账户的余额反向结平

C. 不需要编制记账凭证，也不需要将上年账户的余额结平，直接注明“结转下年”即可

D. 应编制记账凭证予以结转，但不需要将上年账户的余额反向结平

4. （单选题）关于结账的方法表述不正确的是（　　）。

A. 对需要按月进行月结的账簿，结账时，应在“本月合计”字样下的通栏划双红线

B. 年度终了结账时，有余额的账户，要将其余额结转下年，并在摘要栏注明“结转下年”字样

C. 在下一会计年度新建有关会计账户的第一行余额栏内填写上年结转的余额，并在摘要栏注明“上年结转”字样

D. 要结计本年累计发生额的某些明细账户，每月结账时，应在“本月合计”行下结出自年初起至本月末止的累计发生额，登记在月份发生额下面，在摘要栏内注明“本年累计”字样，并在下面通栏划单红线

5. （单选题）（　　）就是在会计期末（月末、季末、年末）将本期内所有发生的经济业务全部登记入账以后，计算出本期发生额和期末余额。

A. 对账　　B. 试算平衡

C. 错账更正　　D. 结账

6. （单选题）下列关于结账说法错误的是（　　）。

A. 结账前，应将本期内发生的经济业务全部计入有关账簿，若预计本期不会再发生任何业务，可以提前结账

B. 结账前，应根据权责发生制要求调整有关账项
C. 结账前，要将损益类科目全部转入“本年利润”账户
D. 在本期全部经济业务登记入账的基础上，需要结算出“资产”、“负债”和“所有者权益”科目的本期发生和余额，并结转下期

任务四 账簿的更换与保管

任务描述

熟悉账簿更换与保管的要求。

知识准备

一、会计账簿的更换

会计账簿作为记录和反映经济业务的重要历史资料和证据，一般在新的会计年度建账时进行更换。

按照《会计法》《会计基础工作规范》的规定，总账、日记账和多数明细账要每年更换一次，这些账簿在每年年终按规定办理完结账手续后，就应更换、启用新的账簿，并将余额结转记入新账簿中。

有些财产物资明细账和债权、债务明细账，由于材料等财产物资的品种、规格繁多，债权、债务单位也较多，如果更换新账，重抄一遍的工作量相当大，可以跨年度使用，不必每年更换一次。

卡片式账簿，如固定资产卡片以及各种备查账簿，也都可以连续使用。

启用新账时，必须填写账簿启用表，并编制目录。旧账结清后，要及时整理，装订成册，归档保管。

二、会计账簿的保管

会计账簿同会计凭证和会计报表一样，都属于会计档案，是重要的经济档案，各单位必须按规定妥善保管，确保其安全与完整，并充分加以利用。

（一）会计账簿的装订整理

在年度终了更换新账簿后，应将使用过的各种账簿（跨年度使用的账簿除外）按时装订，整理立卷。

1. 装订前，首先要按账簿启用和经管人员一览表的使用页数核对各个账户是否相符，账页数是否齐全，序号排列是否连续；然后按会计账簿封面、账簿启用表、账户目录、该账簿按页数顺序排列的账页、装订封底的顺序装订。

2. 活页账簿，要保留已使用过的账页，将账页数填写齐全，除去空白页并撤掉账夹，用质地好的牛皮纸做封面和封底，装订成册。多栏式、三栏式、数量金额式等活页账不得混

装，应按同类业务、同类账页装订在一起。装订好后，应在封面上填明账目的种类、编号卷号，并由会计主管人员和装订人员签章。

3. 装订后，会计账簿的封口要严密，封口处要加盖有关印章。封面要齐全、平整，并注明所属年度和账簿名称、编号。不得有折角、缺角、错页、掉页、加空白纸的现象。会计账簿要按保管期限分别编制卷号。

（二）按期移交档案部门进行保管

年度终了，各种账户在结转下年、建立新账后，可将旧账暂由本单位财务会计部门保管一年，一年期满后，原则上应由财务会计部门移交本单位档案部门保管。移交时，需要编制移交清册，填写交接清单，交接人员按移交清册和交接清单核查无误后签章，并在账簿使用日期栏内填写移交日期。

已归档的会计账簿作为会计档案为本单位提供使用，原件不得借出，如有特殊需要，须经上级主管单位或本单位领导、会计主管人员批准，在不拆散原卷册的前提下，可以提供查阅或者复制，并要办理登记手续。

会计账簿是重要的会计档案之一，必须严格按《会计档案管理办法》规定的保管年限妥善保管，不得丢失和任意销毁。

任务实施

1. （单选题）下列关于会计账簿更换与保管不正确的做法是（　　）。

A. 通常在新会计年度建账时进行会计账簿的更换

B. 为明确会计人员责任，登记某种账簿的人员，不必对该账簿的保管负责，应由保管会计档案的人员负责

C. 每日登记账簿，注意书写整齐清洁，不得涂污，避免账页破损，保持账本完整

D. 按有关规定使用账簿，账簿不得外借

2. （单选题）下列关于会计账簿的更换和保管不正确的有（　　）。

A. 总账、日记账和多数明细账每年更换一次

B. 变动较小的明细账可以连续使用，不必每年更换

C. 备查账可以连续使用

D. 会计账簿由本单位财务会计部门保管半年后，交由本单位档案管理部门保管

项目五　摸清家底——财产清查

【项目分析】本项目主要介绍财产清查的概念与种类、方法与处理，使学生明确财产清查不仅是一种会计核算方法，而且也是一项重要的财产物资管理制度。

任务一　认知财产清查

任务描述

认知财产清查的概念与意义，财产清查的种类与一般程序。

保证财务资料的真实可靠，是对会计信息最重要的质量要求。当我们一丝不苟地根据原始凭证填制好记账凭证、登记完会计账簿，是不是就可以认定相关的财务资料准确无误，据此出具财务报告呢?

知识准备

一、财产清查的意义

（一）财产清查的概念

企业露天堆放的物资，由于遭受风吹、日晒、雨淋而造成数量的减少和质量的降低；由于不法分子的贪污、盗窃、舞弊而造成财产物资的丢失……这些情况的出现，会发生财产物资账实不符。仅是账簿记录的正确，不能说明账实相符。企业需要对有关财产物资进行财产清查，在账实相符的基础上编制财务报表。财产清查是指通过对货币资金、实物资产和债权债务等财产物资进行盘点或核对，确定其实存数，查明账存数与实存数是否相符的一种专门方法。通过对各项财产物资的清查，并与账簿记录相核对，可以发现账实是否相符。通过查找账实不符的原因，有利于明确经济责任，进一步建立健全财产物资管理制度，以确保企业财产物资的完整无损，做到账实相符。

相关链接

很多主观和客观方面的原因会造成财产物资的账存数与实存数发生差异，包括：①财产物资在保管过程中发生的自然损溢；②在财产收发过程中发生的计量错误；③由于制度不严、管理不善造成的损耗、变质或短缺；④由于自然灾害和意外事故造成的非常损失；⑤账簿记录中发生的重记、漏记、错记；⑥由于凭证传递时间不同形成的未达账项。

（二）财产清查的意义

为了确保会计资料真实、完整，企业应当建立健全财产物资清查制度，定期或不定期地进行盘点和核对，做到账实相符。财产清查的意义主要有：

1. 保证账实相符，提高会计资料的准确性

通过财产清查，可以查明各项财产物资的实有数，确定账存数与实存数的差异，以及产生差异的原因，及时调整账面记录，使账实相符，从而保证会计核算资料的真实可靠，为经济管理提供可靠的数据资料。

2. 切实保障各项财产物资的安全完整

通过财产清查，可以查明各项财产物资的实际保管情况，有无管理不善而造成的毁损、

霉烂变质、短缺、盗窃等情况，以便及时进行调查，追究责任，采取相应的管理措施，建立健全财产物资保管岗位责任制，保护各项财产物资的安全完整。

3. 加速资金周转，提高资金使用效益

通过财产清查，可以查明财产物资的储备、保管和使用情况，有无超储积压或储备不足，有无冷背呆滞以及不配套的财产，各项财产物资占用资金是否合理，促使企业挖掘财产物资的使用潜力，加速资金周转，提高资金使用效率。

二、财产清查的种类

（一）按照清查范围分类

1. 全面清查。全面清查是指对所有的财产进行全面的盘点和核对。全面清查内容多、范围广、时间长、工作量大，参与的部门和人员较多，不宜经常进行，一般在以下情况进行全面清查：①在年终决算前；②单位撤销、合并或改变隶属关系前；③中外企业合资、国内企业合资前；④企业股份制改制前；⑤开展全面的资产评估、清产核资前；⑥单位主要领导调离工作前等。

2. 局部清查。局部清查是指根据需要，只对部分财产进行盘点和核对。其清查的对象主要是流动性较大的财产，如现金、材料、产品等。局部清查范围小，内容少，时间短，参与人员少，专业性较强。如对于库存现金，每日由出纳员清点一次，做到日清月结；对于银行存款，每月根据银行对账单至少核对一次；对于债权债务，在年度内至少同对方单位核对一至两次；对于各种贵重物资，每月至少盘点一次；对于其他流动性较大的实物资产，除了年度全面清查外，还应根据需要有计划、有重点地抽查。

（二）按照清查的时间分类

1. 定期清查。定期清查，是指按照预先计划安排的时间对财产进行的盘点和核对。定期清查一般安排在年末、季末、月末进行。这种清查的对象不确定，可以是全面清查，如年终决算前的清查；也可以是局部清查，如出纳员对现金的日清月结。

2. 不定期清查。不定期清查，是指事前不规定清查日期，而是根据特殊需要临时进行的盘点和核对。不定期清查，可以是全面清查，也可以是局部清查，应根据实际需要来确定清查的对象和范围。如更换仓库保管员时，对其所保管的财产物资所进行的清查；或者发生自然灾害和意外事故等情况时所进行的清查。

（三）按照清查的执行系统分类

1. 内部清查。内部清查，是指由本单位内部自行组织清查工作小组所进行的财产清查工作。大多数财产清查都是内部清查。

2. 外部清查。外部清查，是指由上级主管部门、审计机关、司法部门、注册会计师根据国家有关规定或情况需要对本单位所进行的财产清查。一般来讲，进行外部清查时应有本单位相关人员参加。

三、财产清查的一般程序

财产清查既是会计核算的一种专门方法，又是财产物资管理的一项重要制度。企业必须有计划、有组织地进行财产清查。

财产清查一般包括以下程序：①建立财产清查组织；②组织清查人员学习有关政策规定，掌握有关法律、法规和相关业务知识，以提高财产清查工作的质量；③确定清查对象、范围，明确清查任务；④制定清查方案，具体安排清查内容、时间、步骤、方法，以及必要的清查前准备；⑤清查时本着先清查数量、核对有关账簿记录等，后认定质量的原则进行；⑥填制盘存清单；⑦根据盘存清单，填制实物、往来账项清查结果报告表。

任务实施

1.（单选题）下列各项中，不属于财产清查内容的是（　　）。

A. 交易性金融资产　　B. 银行存款

C. 库存现金　　D. 财产物资

2.（单选题）企业遭受自然灾害后，对其受损的财产物资进行的清查，属于（　　）。

A. 局部清查和定期清查　　B. 全面清查和不定期清查

C. 局部清查和不定期清查　　D. 全面清查和定期清查

3.（多选题）下列各项中，属于财产清查正确分类方法的有（　　）。

A. 全面清查和定期清查　　B. 全面清查和局部清查

C. 定期清查和不定期清查　　D. 定期清查和局部清查

4.（多选题）下列关于财产清查程序的说法中，正确的有（　　）。

A. 清查结束后，需要根据盘存单填制实物、往来账项清查报告表

B. 清查时，本着先认定质量，后清查数量的原则来进行清查

C. 清查之前，需要制订清查方案，具体安排清查内容、时间、步骤、方法

D. 进行财产清查前要确定清查对象、范围，明确清查任务

5.（多选题）下列各项中，属于局部清查的特点有（　　）。

A. 清查范围小　　B. 清查内容少

C. 参与人员少　　D. 专业性强

6.（判断题）通过财产清查，可以查明各项财产物资的实有数，确定实有数与账存数之间的差异，从而杜绝差异的出现。（　　）

7.（判断题）定期清查和不定期清查对象的范围均既可以是全面清查，也可以是局部清查。（　　）

8.（判断题）在企业撤销或合并时，要对企业的财产物资进行全面清查。（　　）

任务二　实施财产清查

任务描述

掌握货币资金、实物资产和债权债务的清查方法与核算处理。

要完成对货币资金、实物资产和债权债务的清查工作，需要采取哪些措施和方法呢？清查后如果发现账实不符，企业应该如何处理？

知识准备

由于货币资金、实物、往来款项各有不同的特点。为了保证财产清查工作的质量，达到财产清查的目的，对不同的清查对象应采用与其特点和管理要求相适应的方法。

扫一扫

财产物资的盘存制度

财产清查的重要环节就是要确定财产物资的实存数，查明账实是否相符。在会计核算上，确定财产物资账存数的方法就是盘存制度，即永续盘存制和实地盘存制。

永续盘存制，又称“账面盘存制”，是指企业对各项财产物资收入和发出的数量和金额都必须根据原始凭证和记账凭证在有关账簿中进行连续登记，并随时结出账面余额的一种盘存制度。

实地盘存制，又称“定期盘存制”，是指企业平时只在账簿中登记财产物资的增加数，不登记减少数。月末，对财产物资进行实地盘存，将盘点的实存数作为账存数，然后倒计出本期减少数，据以登记账簿的一种盘存制度。

一、货币资金的清查

货币资金是企业以货币形态存在的资产，它是企业资产中流动性最强的资产。货币资金包括库存现金、银行存款和其他货币资金三种。其中，库存现金和银行存款是直接的流通货币，可以随时使用，容易被挪用或侵占，企业必须建立健全货币资金的内部控制制度，加强财产清查。

（一）库存现金的清查

库存现金的清查是采用实地盘点法确定库存现金的实存数，然后与库存现金日记账的账面余额相核对，确定账实是否相符，包括出纳员每日终了前进行的现金账款核对和清查小组进行的定期或不定期的现金盘点核对。

注意：清查时不仅要确定现金的实有数，还应注意有无白条抵库、挪用现金和超限额库存现金等违纪情况。

（二）银行存款的清查

1. 银行存款的清查方法。银行存款的清查是采用与开户银行核对账目的方法进行的，即将本单位银行存款日记账的账簿记录与开户银行转来的对账单逐笔进行核对，来查明银行存款的实有数额。

银行存款的清查按以下四个步骤进行：

（1）根据经济业务、结算凭证的种类、号码和金额等资料逐日逐笔核对银行存款日记账与银行对账单。凡双方都有记录的，用铅笔在金额旁打上记号“√”。

（2）找出未达账项（即银行存款日记账和银行对账单中没有打“√”的款项）。

（3）将日记账和对账单的月末余额及未达账项填入“银行存款余额调节表”，并计算出调整后的余额。

（4）将调整平衡的“银行存款余额调节表”经主管会计签章后，呈报开户银行。

2. 未达账项。未达账项，是指企业和银行之间，由于记账时间不一致而发生的一方已经入账，而另一方尚未入账的事项。未达账项一般分为以下四种情况：

（1）企业已收款记账，银行未收款未记账的款项。

（2）企业已付款记账，银行未付款未记账的款项。

（3）银行已收款记账，企业未收款未记账的款项。

（4）银行已付款记账，企业未付款未记账的款项。

上述任何一种未达账项的存在，都会使企业的银行存款日记账的余额与银行出具的对账单的余额不符。所以，在与银行对账时，首先应查明是否存在未达账项，如果存在未达账项，应编制“银行存款余额调节表”，据以调节双方的账面余额，确定企业银行存款实有数。

通过“银行存款余额调节表”调节后的余额如果相等，通常说明企业和银行的账面记录一般没有错误，该余额通常为企业可动用的银行存款实有数。调节后的余额如果不相等，通常说明一方或双方记账有误，需进一步追查，查明原因后予以更正和处理。

扫一扫

银行存款清查实例

编制广州华远塑料制品有限公司 20×7 年 4 月份“银行存款余额调节表”。

20×7 年 4 月 30 日公司银行存款日记账余额为 365 000 元，银行对账单余额为 299 500 元。经逐笔核对，发现以下未达账项：

（1）4 月 28 日，银行代付水费 12 000 元已入账，公司尚未登记入账。

（2）4 月 29 日，公司支付购料款 58 500 元已入账，银行尚未登记入账。

（3）4 月 29 日，银行收到应收款 5 000 元已入账，公司尚未登记入账。

（4）4 月 30 日，公司收到销货款 117 000 元已入账，银行尚未登记入账。

“银行存款余额调节表”如表 3－5－1 所示。

表 3－5－1　银行存款余额调节表

20×7 年 4 月 30 日

项　目	金　额	项　目	金　额
银行存款日记账余额	365 000	银行对账单余额	299 500
加：银行已收，企业未收	5 000	加：企业已收，银行未收	117 000
减：银行已付，企业未付	12 000	减：企业已付，银行未付	58 500
调节后余额	358 000	调节后余额	358 000

相关链接

"银行存款余额调节表"是一种对账记录或对账工具，不能作为调整账面记录的依据，即不能根据银行存款余额调节表中的未达账项来调整银行存款账面记录，未达账项只有在收到有关凭证后才能进行有关的账务处理。

二、实物资产的清查

实物资产主要包括存货（原材料、库存商品等）和固定资产等。实物资产的清查就是对实物资产在数量和质量上所进行的清查。对这些物资的清查，不仅要从数量上确定账实是否相符，而且还要查明有关物资是否损坏、变质等。实物资产由于具有种类繁多、数量大、储存情况复杂、计量单位不统一等特点，在清查时，需要结合实际情况合理选择清查方法。常用的清查方法主要有实地盘点法和技术推算法。

实地盘点法，是指盘点人员到财产物资的堆放现场逐一清点数量或用计量仪器确定实存数的一种方法。如逐台清点有多少机器设备，用秤计量库存了多少千克原材料等。这种方法适用范围广、数字真实可靠、清查质量高，但是工作量较大。

技术推算法，是指利用量方、计尺等技术方法推算财产物资实存数的方法。有些价值低、数量大的实物资产，如露天堆放的砂石、煤炭等，不便于逐一称重、点数，可以在抽样盘点的基础上，进行技术推算，从而确定其实存数。这种方法工作量小，但是数字不够准确，主要适用于大量成堆、难以逐一清点的实物资产。

三、债权债务的清查

债权债务主要包括应收、应付款项和预收、预付款项等。债务债务的清查一般采用发函询证的方法进行核对，即通过与对方单位核对账目的方法进行清查。

债权债务清查以后，将清查结果编制"往来款项清查报告单"，填列各项债权、债务的余额。对于有争执的款项以及无法收回的款项，应在报告单上详细列明情况，以便及时采取措施进行处理，避免或减少坏账损失。

相关链接

坏账是指企业无法收回或收回的可能性极小的应收款项。由于发生坏账而产生的损失，称为"坏账损失"。

任务实施

1.（单选题）对于体积大或大堆存放的存货采用（　　）进行清查。

A. 实地盘点法　　B. 账目核对法

C. 技术推算法　　D. 询证核对法

2.（多选题）下列各项中，属于银行存款清查方法的是（　　）。

A. 日记账和对账单核对　　B. 日记账与总分类账核对

C. 总分类账和收付款凭证核对　　D. 日记账与收付款凭证核对

3.（多选题）下列各项中，属于产生未达账项情况的有（　　）。

A. 企业已收款入账，银行尚未收款入账的款项

B. 企业已付款入账，银行尚未付款入账的款项

C. 银行已付款入账，企业尚未付款入账的款项

D. 银行已收款入账，企业尚未收款入账的款项

4.（多选题）下列各项中，应采用实地盘点法进行清查的有（　　）。

A. 库存商品　　B. 库存现金

C. 银行存款　　D. 固定资产

5.（判断题）银行存款日记账的余额小于银行对账单的余额即为盘亏。（　　）

6.（判断题）企业在银行的实有存款应是银行存款日记账上列明的余额。（　　）

7.（判断题）未达账项是指企业与银行之间由于记账时间不一致，而发生的一方已登记入账、另一方尚未记账的项目。（　　）

8.（判断题）“银行存款余额调节表”不能作为调节银行存款账面余额的原始凭证。（　　）

9.（判断题）对应收账款进行清查，主要是和债务单位进行对账，应采用函证法。（　　）

10.（判断题）企业对有确凿证据表明确是无法收回的应收账款，经批准作为坏账损失。（　　）

项目六　认知财务会计报告

【项目分析】作为企业将来的经营管理者，不仅要能正确地获取、使用和分析会计信息，还必须能够阅读会计报表和财务报告，了解企业的筹资、投资和分配等基本的情况。本项目主要是阐述会计报表的基本内容和阅读与分析，让学生读懂会计报表、善于进行会计报表分析。

任务一　认识财务会计报告

任务描述

随着市场经济和资本市场的发展，越来越多的人认识到会计工作和会计信息的重要性。作为企业的负责人、经营管理者，既要对本单位的会计工作承担责任，同时还要对本单位保存和提供的会计信息的真实性、完整性、可靠性和及时性承担责任。所以，企业负责人和经

营管理者必须熟悉企业会计信息，能读懂会计报表，掌握会计信息的来源渠道和产生流程，会利用会计信息分析企业经营状况，做出正确的筹资、投资决策。掌握以上知识，可以为将来适应经济管理工作打下坚实的基础。

知识准备

一、财务会计报告的概念与构成

（一）财务会计报告的概念

财务会计报告，又称“财务报告”，是指企业对外提供的反映企业某一特定日期的财务状况和某一会计期间的经营成果、现金流量等会计信息的文件。

相关链接

财务会计报告的作用是向财务会计报告使用者提供与企业财务状况、经营成果和现金流量等有关的会计信息，反映企业管理层受托责任履行情况，有助于财务会计报告使用者做出经济决策。

想一想

财务会计报告使用者有哪些？

（二）财务会计报告的构成

财务会计报告包括会计报表及其附注和其他应当在财务会计报告中披露的相关信息和资料。财务会计报告的构成如图 3－6－1 所示。

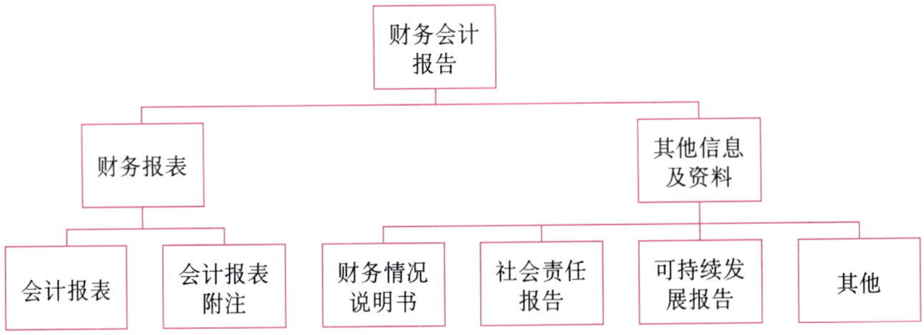

图 3－6－1　财务会计报告的构成

二、财务报表的概念与分类

（一）财务报表的概念

财务报表，又称“会计报表”，是对企业财务状况、经营成果和现金流量的结构性表述。如果会计凭证像一个个生字，会计账簿就像一条条词组，而财务报表就是一篇完整的“文章”。企业在生产经营过程中应用会计准则记录经济活动，需要通过一套完整的、结构化的报表体系，科学地进行列报。

扫一扫

财务报表知多少

一套完整的财务报表至少应当包括“四表一注”，即资产负债表、利润表、现金流量表、所有者权益（股东权益）变动表以及附注。这五个部分具有同等的重要程度。

资产负债表，是指反映企业在某一特定日期的财务状况的会计报表（详见本项目任务二）。

利润表，是指反映企业在一定会计期间的经营成果的会计报表（详见本项目任务三）。

现金流量表，是指反映企业在一定会计期间的现金和现金等价物流入和流出的会计报表。它记录企业一定时期内，现金及现金等价物因经营活动、投资活动及筹资活动而发生的变化，即企业的现金及现金等价物是怎么流转的，花出去多少、花到哪里了，回来多少、怎么回来的。通过现金流量表，可以判断企业经营业绩的质量，钱花得是否合理。

所有者权益（股东权益）变动表，是指反映构成所有者权益的各组成部分当期增减变动情况的会计报表。它不仅记录企业一定时期内所有者权益（股东权益）金额增减变动的结果，还记录增减变动的具体项目，以便向使用者解释所有者权益（股东权益）增减变动的根源。

附注，是指对在会计报表中列示项目所做的进一步说明，以及对未能在这些报表中列示项目的说明等。

（二）财务报表的分类

财务报表可以按其编报期间不同分为中期财务报表和年度财务报表；按其编报主体不同分为个别财务报表和合并财务报表。财务报表的分类如图 3-6-2 所示。

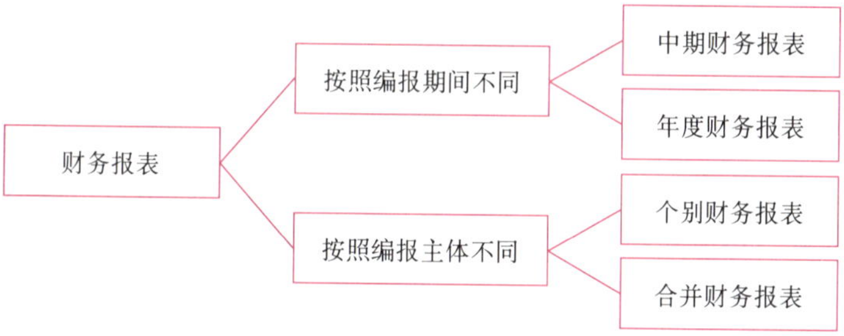

图 3-6-2　财务报表的分类

中期财务报表，是指以短于一个完整会计年度的报告期间为基础编制的财务报表，包括月报、季报和半年报等，如月度资产负债表、季度资产负债表、半年度资产负债表等。中期财务报表至少应当包括资产负债表、利润表、现金流量表和附注。年度财务报表，是指以一个完整会计年度作为报告期编制的财务报表，如年度资产负债表、年度利润表等。

个别财务报表，是指由企业在自身会计核算基础上对账簿记录进行加工而编制的财务报表，它主要反映企业自身的财务状况、经营成果和现金流量的情况。合并财务报表，是指以母公司和子公司组成的企业集团为会计主体，根据母公司和所属子公司的财务报表，由母公司编制的财务报表，它主要综合反映企业集团的财务状况、经营成果和现金流量的情况。

三、财务报表编制前的准备工作

财务会计报告是企业财务会计确认与计量的最终结果体现，财务报表是财务会计报告的核心内容。在编制财务报表前，需要完成下列工作：

1. 严格审核会计账簿的记录和有关资料。
2. 进行全面财产清查、核实债务，发现有关问题，应及时查明原因，按规定程序报批后，进行相应的会计处理。
3. 按规定的结账日结账，结出有关会计账簿的余额和发生额，并核对各会计账簿之间的余额。
4. 检查相关的会计核算是否按照国家统一的会计制度的规定进行。
5. 检查是否存在因会计差错、会计政策变更等原因需要调整前期或本期相关项目的情况等。

四、财务报表分析

通过会计报表分析，可以了解企业过去的业绩，评价企业现在的表现，预测企业未来的发展趋势。会计报表分析是财务分析的核心内容。

会计报表分析的步骤：确定分析目的，搜集相关信息资料，选择适用分析方法，进行具体分析计算，总结或报告分析结果。

财务分析，是指以会计报表和其他资料为依据和起点，采用专门方法，系统分析与评价企业过去和现在的经营成果、财务状况及其变动，有助于经营管理者和投资者等信息使用者改善决策。通过对企业财务报表进行分析，能够对企业的财务情况、经营效率、资产负债情况等进行评估，使企业及时发现存在的风险因素，并进行分析解决，提高企业的管理水平。

会计报表分析的主要内容包括以下三个方面：

（一）财务状况分析

财务状况分析，主要指对公司目前资产、负债和所有者权益的各个方面进行评价。分析企业资产结构、债务结构、变现能力、偿债能力、资本保值增值能力和现金流量。

（二）盈利能力分析

盈利能力分析，主要是通过对各产品及各项收入、成本费用的增长分析、结构分析、预算完成情况分析等，了解企业过去的经营业绩，掌握各项收支因素增减变动对利润的影响。

（三）资产运营效率分析

资产运营效率分析，主要是通过对资产运营产生的经营效果，分析它的周转速度、投资回报等情况，了解和衡量企业经济资源的运营状态和资产管理水平。

总之，会计报表分析的作用包括衡量企业目前财务状况、评价过去经营业绩、判断企业财务风险、预测企业未来的发展趋势等。

扫一扫

如何阅读财务报表

1. 明确目标，即通过阅读什么报表找到自己需要了解的信息。因此，要了解财务报表的种类和体系，弄清有哪些报表，需要阅读哪些报表。

2. 明确财务报表的作用及可提供的基本信息，以指导报表的阅读。

3. 熟悉财务报表的结构，为阅读财务报表提供线索，强化对财务报表的印象。

4. 了解报表中各会计项目的含义和内容，掌握每一个具体项目所包含的会计信息。

5. 弄清会计要素项目之间的内在联系，特别是财务报表项目中一些主要项目的逻辑联系，以做到熟练地从财务报表中获取和分析会计信息。

相关链接

财务报表的分析方法主要有比较分析法、趋势分析法和图表分析法。

比较分析法，是指对企业经济指标数量的比较，包括企业自身比较和企业与同行业企业之间的比较。自身比较包括计划预算情况与实际完成情况比较、企业不同时期的比较等。通过自身比较，能够对企业的一些战略完成情况和员工工作情况进行了解，从而进一步改善相关薄弱管理，提成管理水平和企业经济效益。同行比较是指企业与其他企业之间比较，通过比较企业可能发现自身缺点，继而对发展战略做出相关调整。

趋势比较法，是指将现在的数据与历史的数据相比较，进而分析企业财务状况、经营成果的发展变化，通过对财务报表之间相同项目之间的比较，寻找差异，能够连续反映企业的发展动态，发现问题并及时纠正解决。同时，能够根据财务报表分析预测企业的发展趋势，从而更好地制订预算计划。

图表分析法，是指将企业的财务情况或者经营成果情况通过图表的方式进行分析，能够直观看出企业财务管理过程和经营过程，将复杂的经济活动及效果以通俗易懂的图表形式表现出来。

任务实施

1. （单选题）下列各项中，属于财务会计报告的有（　　）。

A. 资产负债表　　B. 银行存款余额调节表

C. 社会责任报告　　D. 财务情况说明书

2. （单选题）下列各项中，不属于中期财务报表的是（　　）。

A. 年度财务报表　　B. 半年度财务报表

C. 月度财务报表　　D. 季度财务报表

3. 编制财务报表前需要完成的工作有哪些？

4. 搜集你身边的财务会计报告，辨识一下哪些属于财务报表？

任务二 了解资产负债表

任务描述

了解资产负债表的编制方法，熟悉资产负债表的概念与作用、格式与结构，明确资产负债表的列报内容，学会阅读与分析资产负债表。

知识准备

下面我们来看一张资产负债表（见表3－6－1）。

表3－6－1 **资产负债表** 会企01表

编制单位： 年 月 日 单位：元

资　产	期末余额	年初余额	负债和所有者权益（或股东权益）	期末余额	年初余额
流动资产：			流动负债：		
货币资金			短期借款		
以公允价值计量且其变动计入当期损益的金融资产			以公允价值计量且其变动计入当期损益的金融负债		
应收票据			应付票据		
应收账款			应付账款		
预付款项			预收款项		
应收利息			应付职工薪酬		
应收股利			应交税费		
其他应收款			应付利息		
存货			应付股利		
划分为持有待售的资产			其他应付款		
一年内到期的非流动资产			一年内到期的非流动负债		
其他流动资产			其他流动负债		
流动资产合计			流动负债合计		
非流动资产：			非流动负债：		
可供出售金融资产			长期借款		
持有至到期投资			应付债券		
长期应收款			长期应付款		
长期股权投资			专项应付款		
投资性房地产			预计负债		
固定资产			递延收益		
在建工程			递延所得税负债		

续表

资　产	期末余额	年初余额	负债和所有者权益（或股东权益）	期末余额	年初余额
工程物资			其他非流动负债		
固定资产清理			非流动负债合计		
生产性生物资产			负债合计		
油气资产			所有者权益（或股东权益）：		
无形资产			实收资本（或股本）		
开发支出			资本公积		
商誉			减：库存股		
长期待摊费用			其他综合收益		
递延所得税资产			盈余公积		
其他非流动资产			未分配利润		
非流动资产合计			所有者权益（或股东权益）合计		
资产总计			负债和所有者权益（或股东权益）总计		

这就是资产负债表吗？编制这张报表有什么用呢？项目那么多，怎么填列呢？

一、资产负债表的概念与作用

（一）资产负债表的概念

资产负债表是反映企业在某一特定日期的财务状况的财务报表。如 20×6 年 12 月 31 日的资产负债表，它反映的是 20×6 年 12 月 31 日这天的财务状况。企业在当日有多少“家底”，多少外债。资产负债表遵循“资产 = 负债 + 所有者权益”这一会计等式，将某一特定日期企业的资产、负债、所有者权益及其相互关系进行反映。

（二）资产负债表的作用

企业编制资产负债表的目的是通过如实反映企业在资产负债表日所拥有或控制的资源、所承担的负债以及所有者所拥有的权益及其结构情况，从而帮助使用者评价企业资产的质量以及短期偿债能力、长期偿债能力、利润分配能力等。资产负债表的作用主要表现在为投资者及其他信息使用者提供以下信息：

1. 企业拥有或控制的资源及其分布情况（资产）。
2. 企业负担的债务情况及偿债能力（负债）。
3. 企业所有者所拥有的权益，据以判断资本保值、增值的情况，以及对负债的保障程度（所有者权益）。

二、资产负债表的格式与结构

企业资产负债表由表头和表体两个部分组成。表头部分应列明报表名称、编表单位名称、资产负债表日和人民币金额单位；表体部分反映资产、负债和所有者权益的内容，它是资产负债表的主体和核心。

相关链接

资产负债表表体的格式有报告式和账户式两种。报告式资产负债表又称“垂直式”，其资产、负债、股东权益项目自上而下排列，所有资产类项目按一定顺序列示于报表上部，然后列示负债，最后列示所有者权益（或股东权益）。其优点是便于编制比较资产负债表。

根据《企业会计准则第30号——财务报表列报》规定，在我国，资产负债表采用账户式的格式，即左侧列示资产，反映全部资产的分布及存在形态；右侧列示负债和所有者权益，反映全部负债和所有者权益的内容及构成情况。各项资产和负债按流动性排列，资产的流动性即各项资产的变现能力，负债的流动性是指各项负债的偿还期限。排列越靠前，其流动性越强；相反，排列越靠后的项目，其流动性越弱。所有者权益项目按稳定性排列，先后列示实收资本、资本公积、盈余公积、未分配利润等项目。

扫一扫

资产负债表的编制

一、“年初余额”栏的填列方法

资产负债表的“年初余额”栏通常根据上年末有关项目的期末余额填列，且与上年末资产负债表“期末余额”栏一致。如果企业上年度资产负债表规定的项目名称和内容与本年度不一致，应当对上年年末资产负债表相关项目的名称和数字按照本年度的规定进行调整，填入“年初余额”栏。

二、“期末余额”栏的填列方法

资产负债表“期末余额”栏内各项数字，一般应根据资产、负债和所有者权益类科目的期末余额填列，具体方法如表3－6－2所示。

表3－6－2　资产负债表编制方法一览表

填列方法	报表项目
根据一个总账科目的余额直接填列	如：“应收票据”“短期借款”“应付票据”“应付职工薪酬”“应交税费”“实收资本”“资本公积”“盈余公积”等项目根据相应总账科目期末余额直接填列
根据几个总账科目的余额计算填列	如：货币资金项目，根据“库存现金”“银行存款”“其他货币资金”等总账科目期末余额计算填列
	如：未分配利润项目，根据“本年利润”“利润分配”等总账科目期末余额分析计算填列
根据相关明细科目的余额计算填列	如：预付款项项目，根据“预付账款”和“应付账款”所属明细科目的期末借方余额计算填列
	如：应付款项项目，根据“应付账款”和“预付账款”所属明细科目的期末贷方余额计算填列

续表

填列方法	报表项目
根据相关明细科目的余额计算填列	如：预收款项项目，根据“预收账款”和“应收账款”所属明细科目的期末贷方余额计算填列
根据总账科目和明细科目的余额分析计算填列	如：长期借款项目，根据“长期借款”总账科目期末余额，减去“长期借款”所属明细科目中将于一年内到期的长期借款部分分析计算填列
根据有关科目余额减去其备抵科目余额后的净额填列	如：固定资产项目，根据“固定资产”总账科目期末余额，减去其备抵科目“累计折旧”“固定资产减值准备”后的净额填列
	如：无形资产项目，根据“无形资产”总账科目期末余额，减去其备抵科目“累计摊销”“无形资产减值准备”后的净额填列
综合运用各种填列方法分析填列	如：应收账款项目，根据“应收账款”和“预收账款”所属明细科目的期末借方余额之和，减去其备抵科目“坏账准备”后的净额填列
	如：存货项目，根据“原材料”“在途物资”“材料采购”“材料成本差异”“库存商品”“生产成本”等总账科目的期末余额之和，减去其备抵科目“存货跌价准备”后的净额填列

三、资产负债表编制实例

【例3－6－1】 编制广州华远塑料制品有限公司20×7年4月份资产负债表，各资产、负债和所有者权益类科目期末余额的资料如表3－6－3所示。

表3－6－3　广州华远塑料制品有限公司科目余额表

20×7年4月30日

总账科目	明细科目	借方余额	贷方余额
库存现金		6 000	
银行存款		702 000	
应收账款		130 000	
	甲公司	50 000	
	乙公司		20 000
	丙公司	100 000	
坏账准备			10 000
原材料		340 000	
库存商品		488 000	
生产成本		110 000	
固定资产		595 000	
累计折旧			90 000
无形资产		20 000	
短期借款			200 000
应付账款			280 000

续表

总账科目	明细科目	借方余额	贷方余额
	A公司	30 000	
	B公司		170 000
	C公司		140 000
应交税费			11 000
长期借款			600 000
	其中：一年内到期		250 000
实收资本			800 000
盈余公积			40 000
本年利润			15 000
利润分配			345 000
合计		2 391 000	2 391 000

广州华远塑料制品有限公司20×7年4月份资产负债表如表3-6-4所示。

表3-6-4 资产负债表 会企01表

编制单位： 年 月 日 单位：元

资产	期末余额	年初余额	负债和所有者权益（或股东权益）	期末余额	年初余额
流动资产：		略	流动负债：		略
货币资金	708 000		短期借款	200 000	
以公允价值计量且其变动计入当期损益的金融资产			以公允价值计量且其变动计入当期损益的金融负债		
应收票据			应付票据		
应收账款	140 000		应付账款	310 000	
预付款项	30 000		预收款项	20 000	
应收利息			应付职工薪酬		
应收股利			应交税费	11 000	
其他应收款			应付利息		
存货	938 000		应付股利		
划分为持有待售的资产			其他应付款		
一年内到期的非流动资产			划分为持有待售的负债		
其他流动资产			一年内到期的非流动负债	250 000	
流动资产合计	1 816 000		其他流动负债		
非流动资产：			流动负债合计	791 000	
可供出售金融资产			非流动负债：		
持有至到期投资			长期借款	350 000	
长期应收款			应付债券		

续表

资产	期末余额	年初余额	负债和所有者权益（或股东权益）	期末余额	年初余额
长期股权投资			长期应付款		
投资性房地产			专项应付款		
固定资产	505 000		预计负债		
在建工程			递延收益		
工程物资			递延所得税负债		
固定资产清理			其他非流动负债		
生产性生物资产			非流动负债合计	350 000	
油气资产			负债合计	1 141 000	
无形资产	20 000		所有者权益（或股东权益）：		
开发支出			实收资本（或股本）	800 000	
商誉			资本公积		
长期待摊费用			其他综合收益		
递延所得税资产			盈余公积	40 000	
其他非流动资产			未分配利润	360 000	
非流动资产合计	525 000		所有者权益（或股东权益）合计	1 200 000	
资产总计	2 341 000		负债和所有者权益（或股东权益）总计	2 341 000	

其中，广州华远塑料制品有限公司 20×7 年 4 月份资产负债表部分项目计算过程如下：

货币资金 = 6 000 + 702 000 = 708 000（元）

应收账款 =（50 000 + 100 000）− 10 000 = 140 000（元）

预收款项 = 20 000（元）

预付款项 = 30 000（元）

应付款项 = 170 000 + 140 000 = 310 000（元）

存货 = 340 000 + 488 000 + 110 000 = 938 000（元）

固定资产 = 595 000 − 90 000 = 505 000（元）

长期借款 = 600 000 − 250 000 = 350 000（元）

一年内到期的非流动资产 = 250 000（元）

未分配利润 = 15 000 + 345 000 = 360 000（元）

三、资产负债表阅读与分析

资产负债表为我们提供了许多现成的数据，例如，某日企业有多少货币资金、有多少固定资产、有多少存货、有多少应付账款、净资产等。用表内列示的现成数字，我们可以从以下几个方面评价企业偿债能力的大致水平：

看“财务实力”。用资产作为衡量财务实力的指标，是因为资产的实质是未来经济利益，因此资产的规模体现企业潜在获利能力的大小。从资产负债表上看企业的财务实力，主要借助于资产、资本等指标。一般情况下，企业资产和资本的规模越大，其财务实力就越强，偿债能力和市场竞争能力就越强。

看“偿债能力”。现金资产比重过低会影响企业的正常经营和正常支付，比重过高又会导致现金的闲置，影响企业的获利能力。因此，应视企业的具体情况，分析企业的现金储备政策是否合理。

看“应收账款和存货资产”的比重。企业的应收账款和存货资产的比重越低，流动资产的流动性越强。企业只有保持较低的应收账款和存货比重，才能确保其财务的正常支付能力，才能防止企业出现破产的风险。

看“无形资产”所占比重。一般来说，无形资产所占比重越高，说明企业的知识化和高新技术化的程度也越高，企业具有可持续发展的潜力。但是，因为无形资产的价值标准不易统一，价值随着时间推移贬值很快。一般情况下，企业的无形资产不应大于企业资产的 20% 。

看有无“反常数据“、有无“虚资产”。虚资产如待摊费用、递延资产、待处理资产损失、固定资产清理借项和递延税款借项等，这实际上不是企业资源，更不能为企业带来经济利益。

但是，我们有时需要更综合的、有特定用途的会计信息，对企业的经营进行纵向或横向的比较，对企业的财产状况和经营业绩做出某项判断，这就需要对财务报表现成数据进行分析。

财务报表分析，主要是以财务报表等资料为依据和起点，采用专门方法，将分散的报表数据转化成为特定用途的数据，系统分析和评价企业过去和现在的经营成果、财务状况及变动，目的是了解过去、评价现在、预测未来，帮助利益关系人改善决策。

资产负债表包含了丰富的企业财务状况信息，是反映企业全部资产、负债和所有者权益状况的报表。通过对资产与负债的组成分析，可以了解企业资产、负债质量；通过对资本结构分析，可以使你了解企业财务杠杆利用水平；通过对偿债能力分析，可以使你了解企业是否存在财务风险；通过对资产运营能力分析，可以了解企业资产管理状况和运营效率。

（一）资产与负债的组成分析

企业的资产和负债是从两个角度反映的同一经营活动。资产是以资金的物质表现形式反映资金存在状况；负债是从企业资金取得途径反映资产所需资金筹集的来源情况。

一般情况下，企业的资产与负债的结构如图 3－6－1 所示。

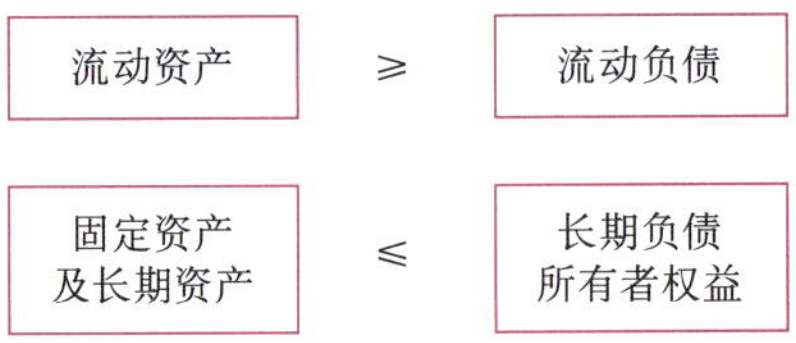

图 3－6－1

1. 资产结构分析。资产结构，主要反映流动资产同固定及长期资产之间的比例关系。反映资产结构的指标是流动资产率，其计算公式为：

流动资产率 = 流动资产额/资产总额

从计算结果可以分析，当流动资产占资产总额的比例越高，说明企业的资金流动性和可变现能力越强。

2. 负债结构分析。负债结构，主要是反映负债总额与所有者权益、长期负债与所有者权益之间的比例关系。通过分析，可以了解企业自有资金负债率和负债经营率。

自有资金负债率反映的是负债总额（流动负债 + 长期负债）与资本总额（所有者权益）的比例关系，这个指标也称为投资安全系数。其计算公式为：

自有资金负债率 = 负债总额（流动负债 + 长期负债）/资本总额（所有者权益）

从计算结果可以看出，企业自有资金负债率越高，说明债权人的保障程度越低，再获得贷款的机会越小。其计算结果可以用于衡量投资者对偿还债务的保障程度，评估企业投资安全程度。

（二）短期偿债能力分析

短期偿债能力，是反映企业在不用变卖或处置固定资产的情况下能够偿还短期债务的能力。短期债务是指流动负债，具体包括短期借款、应付、应交及预收款项等不长于一年或一个经营周期的债务。

评估企业的短期偿债能力可通过分析营运资本、流动比率、速动比率、现金比率来进行。

1. 营运资本。营运资本是衡量一个企业偿还短期债务能力的一项重要指标，它是流动资产超过流动负债的那部分资金，也称“营运资金”。其计算公式为：

营运资本 = 流动资产 − 流动负债

从计算结果可以分析企业营运资金的保障程度。企业营运资金的数额越大，财务状况越稳定。该指标过高或过低对企业资金运营效果和资金成本都会产生影响，通过与本企业历史进行比较，可以确定企业较合理的营运资金需求量。

2. 流动比率。流动比率是流动资产与流动负债进行比较的结果，它是分析短期偿债能力的指标。其计算公式为：

流动比率 = 流动资产/流动负债

从指标可以看出，流动比率越高，企业的偿债能力或资产变现能力相对越强。但流动比率与同行业平均数和本企业历史数据进行比较才有意义。营业周期长短、应收账款和存货周转速度是影响该指标的主要因素。

3. 速动比率。速动比率是企业的速动资产偿还流动负债的综合能力。速动资产是指从流动资产中扣除变现速度最慢的存货等资产后，可以直接用于偿还流动负债的那部分流动资产，包括货币资金、交易性金融资产和各种应收款项。分析速动比率，更可以进一步判断企业的偿债能力或支付能力。其计算公式为：

速动比率 = 速动资产/流动负债

速动比率分析应注意的问题：不同行业的速动比率有很大差别。例如，采用大量现金销售的商店，几乎没有应收款项，速动比率大大低于 1 很正常。还有分析的可信性问题，要考虑应收账款的变现能力，如实际坏账大于计提坏账、季节性变化不能反映平均水平。

（三）长期偿债能力分析

长期偿债能力，是指企业偿还长期负债的能力。企业的长期负债主要包括长期借款、应付长期债券、长期应付款等偿还期在一年以上的债务。

对于企业的长期债权人和投资者来说，不仅关注短期债务偿还能力，更关心长期债务的偿还能力。

分析和评价企业长期偿债能力的指标有资产负债率、股东权益比率、负债股权比率、利息保障倍数（获利倍数）。

1. 资产负债率。资产负债率是企业负债总额与资产总额的比率，也称“负债率”。它反映企业的资产总额中有多少是通过举债获得的资产。其计算公式为：

资产负债率 = 负债总额/资产总额

对于这个指标，由于投资者、债务人和公司经营者处于不同的利益角度，对它的评价具有差别。分析时应注意的问题有：

（1）从债权人的立场看。他们希望债务比例越低越好，企业偿债有保证，贷款不会有太大的风险。

（2）从股东的角度看。在全部资本利润率高于借款利息率时，负债比率越大越好，否则反之。

（3）从经营者的立场看。企业负债比率越大（当然不是盲目的借债），越是显得企业活力充沛。从财务管理的角度来看，企业应当审时度势，全面考虑预期的利润和增加的风险，在二者之间权衡利害得失，做出正确决策，合理安排资本结构。

虽然对该指标没有统一的衡量标准，一般看好的企业的资产负债率应不超过50%为好。

2. 产权比率与权益乘数。

产权比率 = 负债总额 ÷ 股东权益总额

权益乘数 = 资产总额 ÷ 股东权益总额

分析时应注意的问题有：

（1）产权比率反映企业基本财务结构是否稳定。产权比率高，是高风险、高报酬的财务结构。

（2）产权比率也反映债权人投入资本受到股东权益保障的程度，或者说是企业清算时对债权人利益的保障程度。

3. 利息保障倍数。利息保障倍数也称“获利倍数”，是息税前利润（所得税前利润 + 利息费用）与利息费用的比率。其计算公式为：

利息保障倍数 =（税前利润 + 利息费用）/利息费用

式中，税前利润是指扣除所得税之前的利润总额；利息费用包括财务费用中的利息费用和已计入固定资产价值中的资本化利息。

利息保障倍数反映了企业用经营所得支付债务利息的能力。如果这个指标太低，说明企业难以保证用经营所得来按期足额支付债务利息，债权人和投资者将加大对企业财务风险的评估。该比率越高，长期偿债能力越强。从长期看，利息保障倍数至少要大于1（国际公认标准为3），否则，企业将难以生存与发展，甚至破产。

（四）资产营运能力分析

资产营运能力分析是对企业资金周转情况进行分析。资金周转的越快，说明资金利用效率越高，企业的经营管理水平越好。

资产营运能力指标包括应收账款周转率、存货周转率、营业周期和流动资产周转率。

1. 应收账款周转率。应收账款周转率又称为“应收账款周转次数”，是指年度内应收账款回收现金的平均次数，它表示应收账款变现的速度。该指标也可以按周转天数反映。其计算公式为：

应收账款周转率＝主营业务收入/应收账款平均余额

应收账款周转天数＝360/应收账款周转率

为了分析应收账款回收情况对企业财务风险的影响，公司还会对应收账款坏账率进行分析。其计算公式为：

应收账款坏账率＝当年提取的应收账款坏账准备/全年主营业务收入

2. 存货周转率。存货周转率也叫“存货周转天数”，它是反映企业在一个年度内销售及消耗转出的存货成本与存货平均余额的比率。存货周转率指标可以用于判断企业存货质量、变现速度，还可以衡量存货的储备是否经济合理。其计算公式为：

存货周转率（周转次数）＝销售及消耗转出的存货成本/存货平均余额

存货周转天数＝360/存货周转次数

3. 流动资产周转率。流动资产周转率又叫“流动资产周转次数”，是营业收入与全部流动资产的比率。它反映的是全部流动资产的营运效率，用时间表示流动资产周转速度的指标叫“流动资产周转天数”，表示流动资产平均周转一次所需的时间。其计算公式为：

流动资产周转率（周转次数）＝营业收入（主营业务收入＋其他业务收入）/流动资产平均余额

流动资产周转天数＝360/流动资产周转次数

流动资产周转率是分析流动资金占用情况的综合性指标。流动资产周转率越快，会相对地节约流动资金占用，盘活了资金，扩大了企业资产投入能力。

4. 固定资产周转率。固定资产周转率是企业实现的年营业收入与平均固定资产净值的比率。其计算公式为：

固定资产周转率（次数）＝主营业务收入/平均固定资产净值

从公式计算关系可以看出，固定资产周转率越高，周转天数越少，投资回收期越短，投资风险也就越小。

5. 总资产周转率。总资产周转率是企业年营业收入与平均资产总额的比率，它反映的是企业通过实现营业收入收回总资产投资的速度。其计算公式为：

总资产周转率＝主营业务收入/总资产平均余额

通过分析可以看出，总资产周转次数越多，总资产周转天数越少，则表明企业资产管理效率越高，投资回收期越短。

上述仅就资产负债表信息和简单的分析方法进行简要介绍，报表使用者和企业经营者可以根据实际研究、分析需要，充分利用资产负债表和其他报表、资料反映的信息，进行深入细致的研究与分析。

任务实施

1. （单选题）我国统一会计制度规定，资产负债表采用的格式是（　　）。

A. 账户式结构　　B. 单步式结构

C. 多栏式结构　　D. 报告式结构

2. （单选题）资产负债表中资产项目的顺序是按照（　　　）排列。

A. 项目的重要性程度　　B. 项目的流动性大小

C. 项目的收益性高低　　D. 项目的金额大小

3. （多选题）下列各项中，属于流动负债项目的有（　　）。

A. “应付票据”　　B. “预付账款”

C. “应付账款”　　D. “应付债券”

4. （多选题）资产负债表“货币资金”项目应根据（　　）账户的期末借方余额计算填列。

A. “库存现金”　　B. “银行存款”

C. “固定资产”　　D. “应收账款”

5. （判断题）通过资产负债表，可以帮助报表使用者全面了解企业的经营成果，分析企业的债务偿还能力，为未来的经济决策提供参考。（　　）

6. （判断题）资产负债表的表头通常由报表名称、编制单位名称、编制日期和金额计量单位等组成。（　　）

任务三　了解利润表

任务描述

了解利润表的编制方法，熟悉利润表的概念与作用、格式与结构，明确利润表的列报内容，学会阅读和分析利润表。

知识准备

我们来看一张利润表（见表 3-6-5）。

表 3-6-5　　**利 润 表**　　会企 02 表

编制单位：　　年　　月　　单位：元

项目	本期金额	上期金额
一、营业收入		
减：营业成本		
税金及附加		
销售费用		
管理费用		
财务费用		

续表

项目	本期金额	上期金额
资产减值损失		
加：公允价值变动收益（损失以“－”号填列）		
投资收益（损失以“－”号填列）		
其中：对联营企业和合营企业的投资收益		
二、营业利润（亏损以“－”号填列）		
加：营业外收入		
其中：非流动资产处置利得		
减：营业外支出		
其中：非流动资产处置损失		
三、利润总额（亏损总额以“－”号填列）		
减：所得税费用		
四、净利润（净亏损以“－”号填列）		
五、其他综合收益		
六、综合收益总额		
七、每股收益		
（一）基本每股收益		
（二）稀释每股收益		

一、利润表的概念与作用

（一）利润表的概念

利润表是反映企业在一定会计期间的经营成果的财务报表。如 20×6 年 12 月的年度利润表，它反映的就是 20×6 年 1 月 1 日至 12 月 31 日期间的经营成果。企业在这段期间赚了多少或者赔了多少，从哪里赚到的，从哪里赔出去的。

注意：利润是由收入与费用、直接计入损益的利得与损失两个部分构成。

（二）利润表的作用

利润表必须充分反映企业经营业绩的主要来源和构成，以帮助报表使用者判断净利润的质量及其风险，预测净利润的持续性，从而做出正确的决策。利润表的作用主要表现在为投资者及其他信息使用者提供以下信息：

1. 企业利润实现能力。
2. 企业财务收支预算完成情况。
3. 企业经营成长情况。
4. 利润分配情况。

二、利润表的格式与结构

利润表遵循“收入－费用＝利润”这一会计等式的要求，把一定时期的收入与费用进行配比、直接计入损益的利得与损失进行计算，以确定出企业一定期间的净利润（或净亏损）。

利润表通常包括表头和表体两个部分。表头应列明报表名称、编表单位名称、财务报表涵盖的会计期间和人民币金额单位等内容。表体反映形成经营成果的各个项目和计算过程。

相关链接

利润表表体的格式一般有两种：单步式利润表和多步式利润表。单步式利润表是将当期所有的收入列在一起，然后将所有的费用列在一起，两者相减得出当期净损益。

在我国，企业采用多步式利润表。多步式利润表是通过对当期的收入、费用、支出项目按性质加以归类，按利润形成的主要环节列示一些中间性利润指标，分步计算当期净损益。通过多步式利润表将不同性质的收入和费用分别进行对比，从而得出一些中间性的利润数据，便于使用者理解企业经营成果的不同来源。

相关链接

普通股或潜在普通股已公开交易的企业，以及正处于公开发行普通股或潜在普通股过程中的企业，还应当在利润表中列示每股收益信息。这是向股民反映上市公司每一股普通股所创造的收益水平。对于股民而言，这是反映上市公司投资价值的重要指标，是投资决策最直观最重要的参考依据，是广大投资者关注的重点。

扫一扫

利润表的编制

（一）“上期金额”栏的填列方法

利润表“上期金额”栏应根据上年该期利润表“本期金额”栏内所列数字填列。如果上年该期利润表规定的各个项目的名称和内容同本期不一致，应对上年该期利润表各项目的名称和数字按本期的规定进行调整，填入利润表“上期金额”栏内。

（二）“本期金额”栏的填列方法

利润表“本期金额”栏反映各项目的本期发生额，应根据有关损益类账户的本期发生额分析填列，即根据“主营业务收入”“主营业务成本”“税金及附加”“销售费用”“管理费用”“财务费用”“资产减值损失”“公允价值变动损益”“投资收益”“营业外收入”“营业外支出”“所得税费用”等账户的发生额分析填列。“营业利润”“利润总额”“净利润”等项目根据该表中相关项目计算填列。

（三）利润表编制实例

【例3－6－2】 编制广州华远塑料制品有限公司20×7年4月份利润表，各损益类账户发生额的资料如表3－6－6所示。

表 3-6-6　　广州华远塑料制品有限公司损益类账户本期发生额汇总表

20×7 年 4 月 30 日

账户名称	20×7 年 4 月份发生额		20×6 年 4 月份发生额	
	借方	贷方	借方	贷方
主营业务收入	20 000	600 000		440 000
主营业务成本	350 000	11 600	266 000	
其他业务收入		72 000		51 000
其他业务成本	40 000		38 000	
税金及附加	19 300		12 300	
管理费用	69 000		47 000	
销售费用	18 500		21 000	
财务费用	2 000	200	800	
投资收益	10 600	9 400		6 800
营业外收入		59 000		10 000
营业外支出	25 000		17 000	
所得税费用	49 450		26 425	

广州华远塑料制品有限公司 20×7 年 4 月份利润表如表 3-6-7 所示。

表 3-6-7　　利 润 表　　会企 02 表

编制单位：广州华远塑料制品有限公司　　20×7 年 4 月　　单位：元

项　　目	本期金额	上期金额
一、营业收入	652 000	491 000
减：营业成本	378 400	304 000
税金及附加	19 300	12 300
销售费用	18 500	21 000
管理费用	69 000	47 000
财务费用	1 800	800
资产减值损失	0	0
加：公允价值变动收益（损失以“-”号填列）	0	0
投资收益（损失以“-”号填列）	-1 200	6 800
其中：对联营企业和合营企业的投资收益	0	0
二、营业利润（亏损以“-”号填列）	163 800	112 700
加：营业外收入	59 000	10 000
其中：非流动资产处置利得	0	0
减：营业外支出	25 000	17 000
其中：非流动资产处置损失	0	0
三、利润总额（亏损总额以“-”号填列）	197 800	105 700

续表

项　　目	本期金额	上期金额
减：所得税费用	49 450	26 425
四、净利润（净亏损以“－”号填列）	148 350	79 275
五、其他综合收益		
六、综合收益总额		
七、每股收益		
（一）基本每股收益		
（二）稀释每股收益		

其中，广州华远塑料制品有限公司20×7年4月份利润表部分项目计算过程如下：

营业收入＝（600 000－20 000）＋72 000＝652 000（元）

营业成本＝（350 000－11 600）＋40 000＝378 400（元）

财务费用＝2 000－200＝1 800（元）

投资收益＝9 400－10 600＝－1 200（元）

营业利润＝652 000－378 400－19 300－18 500－69 000－1 800－1 200
＝163 800（元）

利润总额＝163 800＋59 000－25 000＝197 800（元）

净利润＝197 800－49 450＝148 350（元）

三、利润表分析

利润表把一定期间内的营业收入与同一会计期间的营业费用进行配比列示，计算出企业一定时期内的净利润（或亏损）。

利润表分析最重要的是分析企业如何组织收入、控制成本费用支出、实现盈利的能力，以评价企业的经营成果。通过分析利润表提供的不同期间的比较数据，如本月数、本期数、本年累计、上年同期数等，可以了解投入资本的完整性，评价企业的可持续发展能力，分析企业经营状况的好坏。

（一）企业盈利结构分析

1. 收支结构分析。从阅读利润表可以了解到，利润是由收入为起点，依次扣除营业税金、成本、期间费用（销售费用、管理费用、财务费用之和），再加上其他业务利润和营业外收支净额后计算得出。因此，构成利润总额的各项要素都会对利润总额产生影响，所以在分析时要进行不同内容的结构分析，以便分析对利润影响较大的积极或消极因素及这些因素的影响程度。

2. 利润结构分析。公司的利润结构可以从以下三个方面分析：

（1）构成利润总额的要素分析。利润总额由主营业务利润、其他业务利润、期间费用（销售费用、管理费用、财务费用之和）、投资收益和营业外收支净额构成。其构成关系式为：

利润总额 = 主营业务利润 + 其他业务利润 − 期间费用
+ 投资收益 + 营业外收支净额

作为企业，主营业务利润水平和比重代表着企业的创利能力，它是公司经营的核心目的。

由于期间费用都是企业为了主营业务的营销、管理、融资活动发生的，所以在具体分析时，可以将利润表中的“主营业务利润”和期间费用相抵后作为主营业务实际利润进行结构分析更具有实际意义。由此我们可以应用“比重 = 构成项目/总体指标”分析主营业务实际利润、其他业务利润、投资收益、营业外收支净额各构成项目分别占利润总额的比重。

（二）企业盈利能力分析

盈利能力，是指企业通过经营活动获取利润的能力。企业的盈利能力越强，带来的现金流入量越多，则给予股东的回报越高，偿债能力越强，企业价值越大。

分析和评价企业盈利的指标有销售毛利率、销售净利率、总资产净利率、净资产收益率。

1. 销售毛利率。其计算公式为：

销售毛利率 = （销售收入 − 销售成本） ÷ 销售收入

分析时注意：

（1）销售毛利率越高，企业盈利能力越强。

（2）销售毛利率与行业水平比较，可以反映企业产品的市场竞争地位。

（3）销售毛利率进行横向比较，可以揭示行业间盈利能力差异。

2. 销售净利率。其计算公式为：

销售净利率 = 净利润 ÷ 销售收入

反映企业产品的最终盈利能力。

3. 总资产净利率。其计算公式为：

总资产净利率 = 净利润 ÷ 平均资产

或：

总资产净利率 = 销售净利率 × 总资产周转率

4. 净资产收益率。净资产收益率又指“所有者权益收益率”或“股东权益收益率”，它是获得的净利润占所有者权益平均余额的百分比。其计算公式为：

净资产收益率 = 净利润/所有者权益平均余额

通过对该指标的分析可以揭示如下三个方面：

（1）反映所有者投资的获利能力；

（2）为企业的投资者提供了获得投资回报情况的信息；

（3）反映企业经营者对受托资产经营成果。

（三）企业自身发展能力分析

企业自身发展能力是指通过生产经营活动获得收益的增长，以及用自身形成的资金取得发展趋势的能力。自身发展能力分析主要包括可持续发展能力分析、盈亏平衡分析等，通过计算销售增长率、总资产增长率、营业利润增长率和资本保值增值率等进行分析。

任务实施

1. （单选题）编制利润表所依据的会计等式是（　　）。

A. 收入－费用＝利润

B. 资产＝负债＋所有者权益

C. 借方发生额＝贷方发生额

D. 期初余额＋本期借方发生额－贷方发生额＝期末余额

2. （多选题）利润表反映的内容有（　　　）。

A. 主营业务利润　　B. 营业利润

C. 利润总额　　D. 净利润

3. （多选题）利润表中的"营业收入"项目应根据（　　）科目的本期发生额分析计算填列。

A. "主营业务收入"　　B. "营业外收入"

C. "投资收益"　　D. "其他业务收入"

3. （判断题）利润表是反映企业在一定会计期间经营成果及其分配情况的报表。（　　）

4. 整理并总结利润表各个报表项目的编制方法。

项目七　会计档案管理

【项目分析】会计档案是记录和反映企业、行政事业单位所发生经济业务事项的重要历史资料和证据。通过本项目的学习，可以使学生了解会计档案管理的有关知识。

任务一　会计档案的内容和归档

任务描述

有的公司在日常财务工作中的出纳、记账、核算等工作做得很规范，但是却不太重视会计档案的管理。他们认为，一个会计年度终了后，只要年度财务会计报告编制完成，会计档案的作用就不大了，于是对于会计档案的管理就比较松散。比如，会计档案归档立卷不规范；会计档案保管设施不完善，无专门的档案库房，有的会计档案因无铁皮柜存放，就随便放在木箱或纸箱内，库房没有安装防盗门窗等；会计档案销毁不及时，存在超期保管会计档案的问题。

会计档案管理有这么重要吗？它对公司的生产经营会产生影响吗？让我们和李芳一起去了解会计档案的管理吧。

想一想

会计资料就是会计档案吗？会计档案和文书档案有什么区别呢？

知识准备

企业在发生经费的使用、资金的流转、物资和设备的购置等经营活动时进行报账、登记和管理过程中会形成凭证、账簿和报表等会计档案，它们是单位财务活动的客观记录和凭证，能够直接反映单位经济运行的状况，是财务工作正常的工具，同时也是对财务工作进行监督、检查的依据。企业只重视会计日常工作而不重视会计档案管理工作，不仅会使会计档案的完整与安全受到威胁，也会直接影响会计工作的质量和效率。

下面我们来了解一下会计档案工作的具体内容吧。

一、什么是会计档案

会计档案，是指单位在进行会计核算等过程中接收或形成的，记录和反映单位经济业务事项的，具有保存价值的文字、图表等各种形式的会计资料，包括通过计算机等电子设备形成、传输和存储的电子会计档案。

企业、行政事业单位应当加强会计档案管理工作，建立和完善会计档案的收集、整理、保管、利用和鉴定销毁等管理制度，采取可靠的安全防护技术和措施，保证会计档案的真实、完整、可用、安全。单位的档案机构或者档案工作人员所属机构（以下统称单位档案管理机构）负责管理本单位的会计档案。单位也可以委托具备档案管理条件的机构代为管理会计档案。

二、会计档案包括哪些具体内容

1. 会计凭证，包括原始凭证、记账凭证。
2. 会计账簿，包括总账、明细账、日记账、固定资产卡片及其他辅助性账簿。
3. 财务会计报告，包括月度、季度、半年度、年度财务会计报告。
4. 其他会计资料，包括银行存款余额调节表、银行对账单、纳税申报表、会计档案移交清册、会计档案保管清册、会计档案销毁清册、会计档案鉴定意见书及其他具有保存价值的会计资料。

三、会计档案如何整理归档

各单位每年形成的会计档案，应由会计机构按照归档的要求，整理立卷，装订成册，编制会计档案保管清册。

根据《会计档案管理办法》，各单位当年形成的会计档案，在会计年度终了后，可由单位会计管理机构临时保管一年。期满之后，原则上应由会计管理机构编造清册，移交本单位的档案管理机构保管。

移交档案管理机构保管的会计档案，原则上应当保持原卷册的封装。个别需要拆封重新整理的，档案机构应会同会计机构有关人员和经办人员共同拆封整理，以分清责任。

单位还可以利用计算机、网络通信等信息技术手段管理会计档案。

同时满足下列条件的，单位内部形成的属于归档范围的电子会计资料可仅以电子形式保存，形成电子会计档案：

1. 形成的电子会计资料来源真实有效，由计算机等电子设备形成和传输。

2. 使用的会计核算系统能够准确、完整、有效地接收和读取电子会计资料，能够输出符合国家标准归档格式的会计凭证、会计账簿、财务会计报表等会计资料，设定了经办、审核、审批等必要的审签程序。

3. 使用的电子档案管理系统能够有效接收、管理、利用电子会计档案，符合电子档案的长期保管要求，并建立了电子会计档案与相关联的其他纸质会计档案的检索关系。

4. 采取有效措施，防止电子会计档案被篡改。

5. 建立电子会计档案备份制度，能够有效防范自然灾害、意外事故和人为破坏的影响。

6. 形成的电子会计资料不属于具有永久保存价值或者其他重要保存价值的会计档案。

满足上述六条规定，单位从外部接收的电子会计资料附有符合《中华人民共和国电子签名法》规定的电子签名的，可仅以电子形式归档保存，形成电子会计档案。

四、会计档案交接应遵守的程序

单位部门之间交接会计档案时，交接双方应当办理会计档案交接手续。

移交会计档案的部门，应当编制会计档案移交清册，列明应当移交的会计档案名称、卷号、册数、起止年度、档案编号、应保管期限和已保管期限等内容。

交接会计档案时，交接双方应当按照会计档案移交清册所列内容逐项交接，并由交接双方的部门有关负责人负责监督。交接完毕后，交接双方经办人和监督人应当在会计档案移交清册上签名或盖章。

电子会计档案应当与其元数据一并移交，特殊格式的电子会计档案应当与其读取平台一并移交。档案部门单位应当对保存电子会计档案的载体及其技术环境进行检验，确保所接收电子会计档案的准确、完整、可用和安全。

单位的会计档案及其复制件需要携带、寄运或者传输至境外的，应当按照国家有关规定执行。单位委托中介机构代理记账的，应当在签订的书面委托合同中，明确会计档案的管理要求及相应责任。

相关链接

会计档案与文书档案有什么区别呢？见表 3－7－1。

表 3－7－1　会计档案与文书档案的区别

不同之处	会计档案	文书档案
形成领域不同	资金活动领域	行政管理领域
形式和内在联系不同	多种会计核算材料组成的有机整体，联系密切	以公文形式出现，相对独立
立卷时间不同	日清、月结、年决算	次年的第一、二季度
归档时间不同	财会部门立卷保存一年再移交归档	第二年上半年归档

扫一扫

会计交接工作程序

一、交接前的准备工作

会计人员在办理会计工作交接前，必须做好以下准备工作：

1. 已经受理的经济业务尚未填制会计凭证的应当填制完毕。

2. 尚未登记的账目应当登记完毕，结出余额，并在最后一笔余额后加盖经办人印章。

3. 整理好应该移交的各项资料，对未了事项和遗留问题要写出书面说明材料。

4. 编制移交清册，列明应该移交的会计凭证、会计账簿、财务会计报告、公章、现金、有价证券、支票簿、发票、文件、其他会计资料和物品等内容；实行会计电算化的单位，从事该项工作的移交人员应在移交清册上列明会计软件及密码、会计软件数据盘、磁带等内容。

5. 会计机构负责人（会计主管人员）移交时，应将财务会计工作、重大财务收支问题和会计人员的情况等向接替人员介绍清楚。

二、移交点收

移交人员离职前，必须将本人经管的会计工作，在规定的期限内，全部向接管人员移交清楚。接管人员应认真按照移交清册逐项点收。其具体要求是：

1. 现金要根据会计账簿记录余额进行当面点交，不得短缺，接替人员发现不一致或"白条抵库"现象时，移交人员在规定期限内负责查清处理。

2. 有价证券的数量要与会计账簿记录一致，有价证券面额与发行价不一致时，按照会计账簿余额交接。

3. 会计凭证、会计账簿、财务会计报告和其他会计资料必须完整无缺，不得遗漏。如有短缺，必须查清原因，并在移交清册中加以说明，由移交人负责。

4. 银行存款账户余额要与银行对账单核对相符，如有未达账项，应编制银行存款余额调节表调节相符；各种财产物资和债权债务的明细账户余额，要与总账有关账户的余额核对相符；对重要实物要实地盘点，对余额较大的往来账户要与往来单位、个人核对。

5. 公章、收据、空白支票、发票、科目印章以及其他物品等必须交接清楚。

6. 实行会计电算化的单位，交接双方应在电子计算机上对有关数据进行实际操作，确认有关数字正确无误后，方可交接。

三、专人负责监交

为了明确责任，会计人员办理工作交接时，必须有专人负责监交。通过监交，保证双方都按照国家有关规定认真办理交接手续，防止流于形式，保证会计工作不因人员变动而受影响；保证交接双方处在平等的法律地位上享有权利和承担义务，不允许任何一方以大压小、以强凌弱，或采取非法手段进行威胁。

移交清册应当经过监交人员审查和签名、盖章，作为交接双方明确责任的证件。

对监交的具体要求是：

1. 一般会计人员办理交接手续，由会计机构负责人（会计主管人员）监交。

2. 会计机构负责人（会计主管人员）办理交接手续，由单位负责人监交，必要时主管单位可以派人会同监交。

所谓必要时由主管部门派人会同监交，是指有些交接需要主管单位监交或者主管单位认为需要参与监交。通常有以下三种情况：

一是所属单位负责人不能监交，需要由主管单位派人代表主管单位监交。如因单位撤并而办理交接手续等。

二是所属单位负责人不能尽快监交，需要由主管单位派人督促监交。如主管单位责成所属单位撤换不合格的会计机构负责人（会计主管人员），所属单位负责人却以种种借口拖延不办交接手续时，主管单位就应派人督促会同监交等。

三是不宜由所属单位负责人单独监交，而需要主管单位会同监交。如所属单位负责人与办理交接手续的会计机构负责人（会计主管人员）有矛盾，交接时需要主管单位派人会同监交，以防可能发生单位负责人借机刁难等。此外，主管单位认为交接中存在某种问题需要派人监交时，也可派人会同监交。

四、交接后的有关事宜

1. 会计工作交接完毕后，交接双方和监交人在移交清册上签名或盖章，并应在移交清册上注明：单位名称，交接日期，交接双方和监交人的职务、姓名，移交清册页数以及需要说明的问题和意见等。

2. 接管人员应继续使用移交前的账簿，不得擅自另立账簿，以保证会计记录前后衔接，内容完整。

3. 移交清册一般应填制一式三份，交接双方各执一份，存档一份。

五、会计交接注意事项

第一，交接表要写清楚。看交接表上填写的内容与事实是否相符。

第二，发票要看仔细。发票本数与事实相符，企业账要与银行账相符，保管账与实物是否相符。要清点仓库，对固定资产也要盘点。

第三，有时间的话，单位往来账、个人账要核对清楚。

总之，会计交接一定要严肃，不要怕麻烦，涉及会计交接的方方面面一定要核实。前任会计对交接后发现的问题是不负责任的。

任务实施

1. （单选题）下列会计资料中，不属于会计档案的是（　　）。

A. 纳税申报表　　B. 会计移交清册

C. 年度财务计划　　D. 记账凭证

2. （单选题）下列会计档案中，需要保存30年的是（　　）。

A. 银行存款余额调节表　　B. 纳税申报表

C. 季度财务会计报告　　D. 银行存款明细账

3. （多选题）会计电算化档案包括（　　）。

A. 计算机内会计数据

B. 软盘等备份的会计数据
C. 打印输出的会计凭证、账簿、报表等数据
D. 各种财务印章

任务二　会计档案的保管、查阅和销毁

任务描述

会计档案怎样进行保管？想要查阅会计档案应该履行哪些手续？会计档案能不能随便销毁？接下来我们就要了解这些知识和相关法律法规。

知识准备

一、会计档案如何保管

当年形成的会计档案，在会计年度终了后，可由单位会计管理机构临时保管 1 年，再移交单位档案管理机构保管。因工作需要确需推迟移交的，应当经单位档案管理机构同意。

单位会计管理机构临时保管会计档案最长不超过 3 年。临时保管期间，会计档案的保管应当符合国家档案管理的有关规定，且出纳人员不得兼管会计档案。

单位会计管理机构在办理会计档案移交时，应当编制会计档案移交清册，并按照国家档案管理的有关规定办理移交手续。

纸质会计档案移交时应当保持原卷的封装。电子会计档案移交时应当将电子会计档案及其元数据一并移交，且文件格式应当符合国家档案管理的有关规定。特殊格式的电子会计档案应当与其读取平台一并移交。

单位档案管理机构接收电子会计档案时，应当对电子会计档案的准确性、完整性、可用性、安全性进行检测，符合要求的才能接收。

会计档案的保管期限分为永久、定期两类。定期保管期限一般分为 10 年和 30 年。

会计档案的保管期限，从会计年度终了后的第一天算起。企业和其他组织会计档案保管期限见表 3－7－1、表 3－7－2。

表 3－7－1　　会计档案的保管期限

序号	档案名称	保管期限	备　注
一	会计凭证		
1	原始凭证	30 年	
2	记账凭证	30 年	
二	会计账簿		
3	总　账	30 年	
4	明细账	30 年	
5	日记账	30 年	

续表

序号	档案名称	保管期限	备　注
6	固定资产卡片		固定资产报废清理后保管5年
7	其他辅助性账簿	30年	
三	财务会计报告		
8	月度、季度、半年度财务会计报告	10年	
9	年度财务会计报告	永久	
四	其他会计资料		
10	银行存款余额调节表	10年	
11	银行对账单	10年	
12	纳税申报表	10年	
13	会计档案移交清册	30年	
14	会计档案保管清册	永久	
15	会计档案销毁清册	永久	
16	会计档案鉴定意见书	永久	

表3-7-2　　财政总预算、行政单位、事业单位和税收会计档案保管期限表

序号	档案名称	保管期限			备　注
		财政总预算	行政、事业单位	税收会计	
一	会计凭证				
1	国家金库编送的各种报表及缴库退库凭证	10年		10年	
2	各收入机关编送的报表	10年			
3	行政单位和事业单位的各种会计凭证		30年		包括原始凭证、记账凭证和传票汇总表
4	财政总预算拨款凭证和其他会计凭证	30年			包括拨款凭证和其他会计凭证
二	会计账簿				
5	日记账		30年	30年	
6	总账	30年	30年	30年	
7	税收日记账(总账)			30年	
8	明细分类、分户账或登记簿	30年	30年	30年	
9	行政单位和事业单位固定资产卡片				固定资产报废清理后保管5年
三	财务会计报告				
10	政府综合财务报告	永久			下级财政、本级部门和单位报送的保管2年
11	部门财务报告		永久		所属单位报送的保管2年
12	财政总决算	永久			下级财政、本级部门和单位报送的保管2年
13	部门决算		永久		所属单位报送的保管2年
14	税收年报(决算)			永久	
15	国家金库年报(决算)	10年			

续表

序号	档案名称	保管期限			备　注
		财政总预算	行政、事业单位	税收会计	
16	基本建设拨、贷款年报（决算）	10 年			
17	行政单位和事业单位会计月、季度报表		10 年		所属单位报送的保管 2 年
18	税收会计报表			10 年	所属税务机关报送的保管 2 年
四	其他会计资料				
19	银行存款余额调节表	10 年	10 年		
20	银行对账单	10 年	10 年	10 年	
21	会计档案移交清册	30 年	30 年	30 年	
22	会计档案保管清册	永久	永久	永久	
23	会计档案销毁清册	永久	永久	永久	
24	会计档案鉴定意见书	永久	永久	永久	

注：税务机关的税务经费会计档案保管期限，按行政单位会计档案保管期限规定办理。

二、会计档案查阅规定

单位应当严格按照相关制度利用会计档案，在进行会计档案查阅、复制、借出时履行登记手续，严禁篡改和损坏。

单位保存的会计档案一般不得对外借出。确因工作需要且根据国家有关规定必须借出的，应当严格按照规定办理相关手续。

会计档案借用单位应当妥善保管和利用借入的会计档案，确保借入会计档案的安全完整，并在规定时间内归还。

三、会计档案该销毁规定

单位应当定期对已到保管期限的会计档案进行鉴定，并形成会计档案鉴定意见书。经鉴定，仍需继续保存的会计档案，应当重新划定保管期限；对保管期满，确无保存价值的会计档案，可以销毁。

经鉴定可以销毁的会计档案，应当按照以下程序销毁：

1. 单位档案管理机构编制会计档案销毁清册，列明拟销毁会计档案的名称、卷号、册数、起止年度、档案编号、应保管期限、已保管期限和销毁时间等内容。

2. 单位负责人、档案管理机构负责人、会计管理机构负责人、档案管理机构经办人、会计管理机构经办人在会计档案销毁清册上签署意见。

3. 单位档案管理机构负责组织会计档案销毁工作，并与会计管理机构共同派员监销。监销人在会计档案销毁前，应当按照会计档案销毁清册所列内容进行清点核对；在会计档案销毁后，应当在会计档案销毁清册上签名或盖章。

电子会计档案的销毁还应当符合国家有关电子档案的规定，并由单位档案管理机构、会计管理机构和信息系统管理机构共同派员监销。

保管期满但未结清的债权债务会计凭证和涉及其他未了事项的会计凭证不得销毁，纸质会计档案应当单独抽出立卷，电子会计档案单独转存，保管到未了事项完结时为止。

单独抽出立卷或转存的会计档案，应当在会计档案鉴定意见书、会计档案销毁清册和会计档案保管清册中列明。

任务实施

1. （判断题）各单位的会计档案不得借出，但经批准后可以复制。（　）
2. （判断题）各种会计档案的保管期限，从会计年度开始后的第一天算起。（　）
3. （判断题）单位负责人应在会计档案销毁清册上签署意见。（　）
4. 请指出表3-7-3中会计资料的保管期限。

表3-7-3

序　号	档案名称	保管期限
1	原始凭证	
2	记账凭证	
3	日记账	
4	明细账	
5	总　账	
6	固定资产卡片	
7	纳税申报表	
8	银行余额调节表	
9	会计移交清册	
10	会计档案保管清册	
11	会计档案销毁清册	
12	年度财务会计报告	

主要参考文献

1. 肖燕、刘珊珊：《会计基础》，经济管理出版社2015年版。
2. 孟繁金、赵英：《基础会计》，中国财政经济出版社，2017年版。
3. 鹏晓琳、王亚斌：《村集体经济组织会计》，中国财政经济出版社2013年版。